www.united-pc.eu

Thomas Arta

Genieße es und lebe

Prolog

Warum ich hierhergekommen war, weiß ich nicht. War es die Sehnsucht nach etwas Neuem? War ich an jenem Punkt angekommen, an dem ich einfach nicht anders konnte? Brauchte ich diese Veränderung, um mir klar zu werden, wer ich bin? Oder brauchte ich diese Veränderung, um zu erkennen, dass ich keine Veränderung brauchte? Dass ich mit mir im Reinen war? Dass alles, was ich tat, was ich machte, was ich scheute, was ich ablehnte, richtig für mich war. Ohne die Richtung an sich zu kennen. Schon lange quälte ich mich durch das Leben, welches ich hatte. Ständig war ich auf der Suche nach mehr, nach Neuem, nach etwas, das meinem Leben fehlte. Das fehlende Puzzlestück, um sagen zu können: „Nun ist mein Leben vollständig! Nun hat es einen Sinn!" Das Leben, das ich bisher hatte, war mit Arbeit ausgefüllt. Arbeit, um nur einem Zweck zu dienen: zu funktionieren! Nie gestand ich mir ein, dass es daneben etwas anderes gab. Etwas, das man Leben nennt. Etwas, das sich nicht durch Formeln, Gesetze oder Thesen beschreiben lässt. Lange Zeit versuchte ich mit aller Kraft, mein Leben in Regeln,

Rituale und Formeln zu transformieren. Eine Transformation zu erzwingen, um ein anderer, ein besserer Mensch zu werden. Ich sah den Sinn für mich im Funktionieren. Dem Erfüllen aller Aufgaben, ungeachtet dessen, ob sie leicht oder schwer waren, kurz oder lang dauerten, mich weiterbrachten oder mich forderten. Das Funktionieren um des Funktionierens willen. Keine Schwäche zeigen. Immer besser als andere zu sein. Nur so kann man im Leben etwas erreichen. Selbst wenn ich mein Leben so unter Kontrolle hielt, merkte ich schon seit geraumer Zeit, dass dieser Weg womöglich nicht der richtige war. Mein Körper machte bei dem ganzen Stress schon lange nicht mehr mit. Er riet mir zur Langsamkeit, doch ich überhörte ihn und wollte ihn überhören, denn der Weg ist das Ziel. „Und werde ich einmal am Ziel angekommen sein, dann kann er sich ausruhen", sagte ich mir. Im Gegensatz dazu war mein Geist immer bereit, weiterzumachen, selbst wenn er ebenso erste Schwächen zeigte. So sagte ich und verlangte von ihm, weiterzumachen. Was ich zu dieser Zeit nicht wusste; nicht wahrhaben wollte: Der Weg, auf dem ich war und von dem ich immer geglaubt hatte, dass er ein Ziel haben wird; hatte kein Ende. Denn immer wenn ein Schritt, war er auch noch so mühsam, vollzogen war, folgte ein noch anstrengenderer Weg. Wie Sisyphos schob ich einen Fuß vor den anderen, nur um ans Ziel zu kommen; gleichgültig und ungewiss, was am Ende dieses Weges sein würde; und bedeutungslos, wie viele ungezählte Stunden es kosten sollte, um dort hinzukommen.

Ich schlief die letzten Wochen nicht gut, entweder zu wenig oder wälzte mich im Bett herum. In dieser Zeit erbrach ich mich und blutete aus der Nase. Das wäre alles nicht so schlimm, sagte ich mir. Ich gab meinem Körper die Schuld dafür, wenn er den Anforderungen, die ich an ihn stellte, nicht gewachsen war; dann musste er eben lernen, besser mit Stress umzugehen. Manchmal in einer ruhigen Minute überlegte ich mir, ob es möglich sei, eine Maschine zu sein. Dann müsste ich keine Rücksicht auf meine biologischen Komponenten nehmen. Wie ein solches Leben wäre, malte ich mir in grau-nuancierten Bildern aus. Kein Schlaf! Keine Nahrung! Kein marterndes Gefühl der Unsicherheit. Keine euphorischen Träume. Entkoppelt von körperlichem und seelischem Leid, könnte ich rund um die Uhr aktiv sein; könnte permanent Effizienz zeigen, meine Seele und Gefühle für immer vergessen; und vielleicht die totale Perfektion erreichen.

Abschnitt 1

Es war bereits dunkel, als wir ankamen. Wir, das sind Florian und ich. Wir hatten uns beide für diesen Weg entschieden. Dieser „Weg" war ein Aufenthalt im Ausland für ein Semester und die Fertigstellung unserer Abschlussarbeiten. Wir waren uns einig, dass dieser Aufenthalt unseren Lebenslauf arrondieren würde, um später einen guten Job nach dem Studium zu bekommen. Es ging uns weniger um die kulturelle Bereicherung, die ein solcher Aufenthalt mit sich bringt, als um das Abrunden unserer Lebensläufe. Trotz dieser wie mir erst jetzt bewusst geworden ist - blauäugigen Sichtweise auf das Leben - konnte ich das Aufgeregt sein in mir nicht leugnen. Als ich vormittags in den Zug stieg; im Rucksack das Ticket, waren es nur vage Vorstellungen von dem, was mich erwarten würde: ein Aufbruch ins Unbekannte! „Ins Unbekannte?", fragte ich mich selbst. Sicherlich sind die Leute und das Leben dort, wo wir hinkommen werden, nicht anders, als es bei uns üblich ist. Sicherlich sind die Menschen dieselben, wie man sie hier im Supermarkt, in einer Bar oder in der Universität trifft. Dennoch wird uns das Leben dort anders erscheinen. Vielleicht exotisch;

vielleicht fremdartig; vielleicht bekannt und vertraut. Weder wusste ich das eine, noch konnte ich erahnen, was sich von meinen Überlegungen bewahrheiten würde.

Die Zugfahrt war lang. Sie schien nicht enden zu wollen. Kurz vor acht sollten wir da sein. Mit jeder Stunde, die die Fahrt dauerte, stieg in mir die Aufregung über das, was kommen wird: eine neue Stadt, neue Eindrücke, vielleicht der Beginn eines neuen Lebens. Mir erschienen diese Gedanken zunächst fremd; war doch ein jeder Tag bei mir strukturiert und lief nach einem festen Rhythmus ab. Doch nach und nach pochten diese Gedanken immer stärker in mir, sodass ich meine Aufregung nicht leugnen konnte. Ich verbarg sie vor Florian; war mir sicher, dass es ihm ähnlich ging. Wir redeten nicht viel während der Fahrt. Vorab hatten wir beide uns bei dem Buddy-Programm angemeldet. Du hast mir E-Mails geschrieben, in denen du dich vorgestellt hast. In denen du mir geschildert hast, was alles zu Beginn meines Aufenthaltes zu tun ist. Und dass du mir dabei helfen wirst, mich zurechtzufinden. Ich kannte dich zu diesem Zeitpunkt nicht; deine Herzlichkeit und Wärme, die aus den E-Mails sprach, berührten mich sehr. Eine unbekannte freundliche Berührung auf meiner Brust, als kannten wir uns seit Längerem. Es war unschwer abzustreiten, dass ich mir während der Fahrt versuchte, ein Bild von dir zu machen. Die Radsätze des Zuges sprangen über die Weichen. Erst eine. Dann zwei. Der Zug bremste ab und wurde langsamer. Ich schaute auf die Uhr. Es war kurz vor acht. „Es ist Zeit", sagte ich zu Florian. Florian schaute mich an. Mit einem kurzen Kopfnicken verstand er mich und klappte seinen Laptop zu. Wir nahmen beide unsere Koffer aus der Gepäckablage und gingen zur Tür. Aus dem Türfenster sah ich die ersten Lichter der Stadt. Sie hüllten die Stadt in einen angenehmen Gelbton. Die Bahnsteigkante war zu erkennen. Wir hielten. Ich öffnete die Tür. Wir stiegen aus und wurden gleich von Florians Buddy Kristína begrüßt. Sie hieß uns willkommen und fragte uns, wie unsere Reise verlaufen war. In meinem Kopf dachte ich nur an dich. Du warst nicht auf dem Bahnsteig; trotzdem wusste und fühlte ich, dass du hier warst. Wir schoben unsere Koffer vom Bahnsteig in die Empfangshalle. Es dauerte nicht lange, bis ich dich unter der Menschenmasse entdeckte. Ich sah dich und wusste, dass du es warst. Du, mit der ich den ganzen letzten Monat E-Mails geschrieben hatte über das Leben und die Menschen hier.

Du trugst graue Jeans und weiße Turnschuhe. Darüber ein rotes Hemd und eine schwarze Lederjacke. Ich ging auf dich zu. Du hast geschmunzelt, als du mich sahst.

„Hi. Ich bin Alex", begann ich. „Das weiß ich." Du hast gelächelt. Wir umarmten uns, so als würden wir einander schon ewig kennen. „Hattest du eine angenehme Reise?", fragtest du mich. Ich bejahte. Gemeinsam mit Kristína gingen wir zu den Taxis, um zu unserem Wohnheim zu kommen. Selbst wenn ich dich zu diesem Zeitpunkt nur flüchtig kannte, spürte ich ein unsichtbares Band, dass uns verband. Auch wenn ich es nicht erklären konnte, fühlte ich mich wohl, weil du da warst.

Kristína telefonierte. Die Sprache wirkte fremd auf mich. „Sie ruft gerade das Taxi für uns", sagtest du zu uns. Florian und ich schauten uns verwundert an.

„Hier stehen überall Taxis. Wieso nehmen wir nicht eines von denen?", fragte ich. „Die Taxis hier nehmen nicht die üblichen Preise. Hier müsst ihr immer mehr bezahlen. Wenn ihr das Taxi ruft, ist es billiger für euch. Wenn ihr wollt, gebe ich euch die Telefonnummern für die Taxis." Kristína steckte ihr Handy weg. Sie unterhielt sich mit dir. Sie kam zu uns und verabschiedete sich. Sie treffe sich gleich mit einem

Kommilitonen im Kino, führte sie als Begründung an. Sie verließ uns. In der Zwischenzeit fuhr das Taxi vor. Als wir unsere Koffer einladen wollten, nahmst du meinen großen, schwarzen Koffer. „Oh nein! Was machst du da?", fragte ich verwundert. „Der Koffer ist viel zu schwer für dich. Ich mach' das für dich!" Ich war verblüfft von deinem Tatendrang, den schweren Koffer in den Kofferraum zu packen. Schnell riss ich ihn dir aus der Hand; konnte ich doch nicht erwarten, dass du das tust.

Das Taxi fuhr los. Ich blickte aus dem Fenster. Die Straßen waren leer und verlassen; nur an den Bushaltestellen standen vereinzelt Leute und warteten auf den Bus. Hier und da; an den Plätzen und an den Orten, die man den Touristen zeigt, waren mächtige Strahler zu erkennen, die die Gebäude in ein glitzerndes Gewand kleideten. In mir wuchs die Neugier zu erfahren, welche Geschichten hinter den Straßen und Plätzen steckten. Das Taxi bog links ab und fuhr am Fluss entlang. Auf der Fahrt wechselten sich barocke Bauten mit alten Sowjetgebäuden und modernen Wolkenkratzern ab. Das Wohnheim lag außerhalb des Stadtzentrums; soweit ich es erkennen konnte, musste ein Hafen in der Nähe sein, erkannte ich doch kurz vor Ende der Fahrt die Silhouette einiger Frachtschiffe und Lastkräne. Wir hielten. Der Fahrer sagte irgendetwas Unverständliches zu uns und zeigte mit dem Finger auf das Taxameter. Florian und ich holten unsere Portemonnaies heraus und wollten zahlen. Mit einer Handgeste signalisiertest du uns die Geldbörsen wieder zurückzustecken. Du gabst dem Taxifahrer das Geld. Es verwunderte mich, dass du die Taxifahrt für uns bezahlt hast, kannten wir uns doch nur einige Minuten. Nachdem die Koffer ausgeladen waren und wir dem Portier unsere Pässe gezeigt hatten und du mit diesem noch einige Worte gewechselt hattest, gabst du uns die Schlüssel zu unserem Zimmer.

Das Zimmer war spärlich eingerichtet, aber ich war zufrieden damit. Ich sah mich um. Die Wände in schlichtes Weiß gekleidet, die Möbel massiv und abgenutzt. An der Wand neben der Tür ein Bett. Daneben ein Schrank, der den Raum teilte für den zweiten Mitbewohner des Zimmers, denn dahinter stand das zweite Bett. Gegenüber von Bett und Schrank standen zwei schlichte Tische und Stühle. Ein eher pragmatisches Arrangement; weniger wohnlich. „Für die Zeit unseres Aufenthaltes wird es schon reichen", dachte ich. „Hast du schon den Balkon gesehen?", fragtest du mich. Du nahmst meine

Hand, öffnetest die Tür neben dem Fenster und gingst mit mir hinaus. Ich blickte auf eine leere Straße. Die Straßenlaternen leuchteten, um ein vielleicht bald kommendes Auto zu begrüßen. „Wenn du hier stehst, kannst du die Burg sehen. Und dort drüber ist der Fluss. Siehst du ihn?" Ganz aufgeregt und hektisch hast du mit deinem Finger in die Nacht und auf die Gebäude und Plätze gezeigt, die ich nicht sehen konnte, wir jedoch unbedingt besuchen sollten. Ich nickte. „Hast du schon etwas zum Abendbrot gegessen?", fragtest du mich.

„Nein. Ich habe nur eine Kleinigkeit im Zug gegessen", antwortete ich. „Dann lass uns ins Restaurant gehen. Zehn Minuten von hier ist ein sehr gutes." Florian hatte indes seinen Koffer auf das Bett an der Wand neben der Tür gelegt und packte seinen Laptop aus. Er nahm das neben dem Bett liegende Laken. Du drehtest dich gerade um und sahst ihn. „Warte!", riefst du ihm zu. „Ich beziehe dein Bett", sagtest du. Wir beide sahen uns erstaunt an. „Das Bett beziehen?", fragte Florian. „Das muss ich für meine Brüder auch machen", antwortetest du ihm. Florian und ich stutzten über diese Aussage. Sowas kannten wir nicht. Auf uns wirkte diese Aussage wie aus einer anderen Welt; fremd und unwirklich. „Ich beziehe mein Bett dann selbst", sagte Florian. Du wirktest echauffiert. Aus deinem Gesichtsausdruck konnte ich es ablesen. Ein Mann, der sein Bett selbst beziehen kann, erschien für dich unvorstellbar.

„Wir wollen beide etwas essen gehen. Willst du mitkommen?", hakte ich ein. „Etwas Essen könnte ich auch," sagte er und setze fort: „Ist es weit dorthin?"

„Zehn Minuten von hier ist ein gutes Restaurant." „Ich packe den Laptop noch zurück, dann können wir losgehen", antwortete Florian. Wir zogen unsere Jacken an und gingen mit ihr zum Restaurant. Aus dem Wohnheim draußen, folgten wir einer vierspurigen Straße in Richtung Innenstadt. Es bestätigte sich mein erster Eindruck, dass unser Wohnheim am Hafen lag. Die Straße war verlassen; lediglich die Straßenlaternen erhellten die Straße; vereinzelt kamen aus der Innenstadt Autos und rasten mit hoher Geschwindigkeit an uns vorbei. Der Herbst hatte begonnen; der Abend erschien kühl, und dennoch spürte ich nichts von der Kälte. Im Gegenteil: Sogar eine mir unbekannte, wohltuende Wärme hatte sich seit unserer Ankunft in mir ausgebreitet. War es all das Neue, das mich seit etwa einer Stunde umgeben hatte? Wobei es doch nur ein winziger, nicht erkennbarer Teil von Eindrücken war, die eventuell noch auf mich einströmen würden.

Auf dem Weg zum Restaurant fragte ich sie wie ein kleines neugieriges Kind über die Stadt und die Umgebung aus. Sie war verwundert über meine Neugierde und erzählte mir, dass andere Austauschstudenten nie so viele Fragen stellten, sondern immer nur hierherkämen, um zu feiern und das Leben zu genießen. „Vielleicht bin ich nicht wie die anderen", sagte ich leise zu ihr. „Vielleicht kann man hier gut Party machen. Aber das ist doch nicht nur der einzige Grund, um hierherzukommen, oder?", setzte ich fort. Sie sagte nichts zu meiner Antwort. Schweigend und verwundert nahm sie meine Antwort zur Kenntnis. Wir bogen von der Straße in Richtung Fluss ab. Am Anfang der Straße konnten wir noch nicht erkennen, dass sich das vom Wohnheim abgezeichnete Stadtbild, das aus heruntergekommenen Bauruinen und teilweise verwaisten Industriebrachen bestand, verändern würde. Ein neuer, moderner Gebäudekomplex mit gepflegten Grünanlagen erschien vor uns. „Die Häuser sind erst vor zwei Jahren fertig geworden. Das ist alles neu hier", hast du eingeworfen. Wir gingen am Fluss entlang. Der Weg war verlassen. Es war ruhig hier. Nur mit viel Aufmerksamkeit konnte man in den ausgeleuchteten

Bars und Restaurants Stimmen und Musik hören. Sie verklangen schnell; wurden verdrängt von der Stille der Dunkelheit, die sich im Fluss widerspiegelte. Am Ende des Weges tauchte eines der Restaurants auf. „Das hier ist ein sehr gutes Restaurant. Hier gehen viele Leute gerne hin. Es wird euch hier gefallen", hast du gesagt und anschließend die Tür geöffnet. Der Innenraum und die Plätze wirkten gepflegt. Alles erschien wie neu eröffnet. Dennoch wirkte es urig und rustikal. Hinter der Bar war ein Fenster. Von dort aus konnte man die hauseigene Brauanlage sehen. Wir wählten einen Tisch im hinteren Bereich des Restaurants aus und setzen uns. Der Kellner begrüßte uns; brachte uns die Karte. Das Lesen der Karte fiel mir schwer; war die Karte doch in der Landessprache. Meine Verlegenheit wollte ich mir nicht anmerken lassen, also versuchte ich, die Karte zu entziffern. „Soll ich beim Lesen der Karte helfen?", fragtest du uns. „Ähm ...", begann ich, „das wäre super." Die gelesenen Wörter mit ihren Zeichen wirkten fremdartig auf mich. In kurzer Zeit erklärtest du uns die Karte. Du gabst uns einige Tipps, was typische

Landesspeisen betraf und was wir unbedingt ausprobieren sollten. Nach der langen Fahrt war mein Hungergefühl unendlich groß, sodass ich sofort alles gekostet hätte. Die Englischkenntnisse des Kellners waren schlecht. Er verstand nicht, was wir wollten. Also bestelltest du für uns. Du selbst nahmst nur ein kleines Bier. Du hättest bereits zu Hause etwas gegessen, sagtest du uns. Das Essen kam. Es war meiner Ansicht nach noch besser, als du es empfohlen hattest. Hastig aßen und tranken wir. Nachdem der Teller leer war, verspürte ich nach wie vor Hunger. Nochmals etwas zu bestellen, erschien mir in diesem Augenblick jedoch unpassend.

„Hat es euch geschmeckt?"

„Ja. War sehr lecker", sagte Florian.

„Eine gute Küche ist das hier", ergänzte ich.

„Wollen wir bezahlen?", fragte mich Florian.

„Klar."

Die Rechnung kam. Florian und ich holten unsere Portemonnaies und suchten das Geld zusammen. „Ich zahle für euch", sagtest du zu uns. Florian und ich blickten uns verwundert an: „Wir laden dich ein und zahlen für dich. Du hast für uns bereits das Taxi bezahlt." Mit leichter Verstimmung akzeptiertest du es, selbst wenn du lieber für uns bezahlt hättest.

Wir standen auf; zogen die Jacken an und gingen zum Eingang. Vor dem Eingang wartete bereits Miroslav. Du stelltest mich ihm vor und sagtest, dass ich für ein Semester hierhergekommen sei. Er gab mir die Hand und fragte mich, ob es mir hier gefällt. Ich sagte, dass ich alles seit meiner Ankunft sehr schön fand. „Alex, ich muss jetzt zum Bahnhof und mit dem Zug nach Hause fahren. Wir können uns erst nächste Woche wiedersehen, wenn die Uni beginnt. Findest du den Weg zum Wohnheim alleine?", fragtest du mich. „Ja, den finde ich schon", antwortete ich und lächelte. „Gut", sagtest du und umarmtest mich. Wir verabschiedeten uns. Auf dem Weg zum Wohnheim fühlte ich mich seltsam wohl. Florian und ich redeten noch eine Weile über unsere ersten Eindrücke und ließen die Reise Revue passieren. Die Straßen waren leer. Überall herrschte Ruhe. Im Wohnheim angekommen, packte ich noch rasch meine Sachen aus dem Koffer und verstaute sie im Schrank. Derweil saß Florian an seinem Laptop und schaute seine E-Mails durch. Wie Florian startete ich auch den Laptop, allerdings nur, um kurz nach neuen Facebook-Posts zu schauen. Ich konnte es nicht lassen und schrieb dir eine kurze Nachricht, um zu fragen, ob du gut nach Hause gekommen bist.

Danach fuhr ich den Laptop runter und machte mich bettfertig.

„Ich gehe gleich schlafen. Wann gehen wir morgen los?", fragte ich Florian. „Erstmal schlafen wir morgen aus. Und dann schauen wir weiter", sagte er. „Okay. Ich lass dich ausschlafen. Spätestens um zehn sollten wir dann aber los", erwiderte ich. Er nickte und wünschte mir eine gute Nacht. Ich legte mich ins Bett und starrte an die Decke. "Mein erster Abend in dieser fremden Stadt", dachte ich mir. Wie ein Abenteurer, der kurz vor seiner Expedition mit dem Ziel ins Unbekannte aufzubrechen stand, fühlte ich mich. „Was für ein großes Abenteuer dieses Semester hier werden wird", ging es durch meinen Kopf. Du wusstest es gewiss (oder vielleicht wusstest du es auch nicht), warum es sich so gut, so neu, so anders anfühlt, wenn man an einem fremden Ort ankommt. Man kann es kaum abwarten, all die Gesichter, Eindrücke, Clubs und Bars zu sehen und zu erleben. Es ist verwunderlich und mag komisch klingen, aber auch wenn wir uns erst einigen Stunden kannten, so spürte ich, dass uns irgendetwas verbindet: etwas Magisches, etwas Reizvolles. Klein und nicht sichtbar für das Auge. Und dennoch groß; voller Wärme. Ich konnte es mir damals und kann es mir einfach bis heute nicht erklären, was es war.

Durch den dünnen Vorhang am Fenster unserer Wohnung schimmerte Sonnenlicht. Es kitzelte mein Gesicht, meine Nase, und schließlich kratze es in meinen Augen. Um ihm auszuweichen, wandte ich mich im Bett hin und her. Doch gelang es der Sonne immer wieder, mir erneut die Augen zu kribbeln. Beim Wachwerden wurde mir bewusst, dass ich zur Ost- seite hin schlafen musste. Widerwillig stand ich auf, schob den Vorhang zur Seite, um einen Blick aus dem Fenster zu werfen. Ein Parkplatz war zu erken- nen. Einige Autos standen dort. Rechts daneben ein Restaurant. Hinter dem Parkplatz war eine kleine Tankstelle, die irgendeinem großen Erdölkonzern gehörte. Sie stand im Schatten eines Brückenpfei- lers, der mit seinen anderen Pendants die Last einer Schnellstraße schulterte. Man hörte das Sausen der Autos, was unterbrochen wurde von der Sirene ei- nes Krankenwagens. Die Autos fuhren hier nach ih- rem eigenen Gefallen, gleichgültig ob es Regeln oder eine Geschwindigkeitsbegrenzung gab. Der Blick aus dem Fenster war anders als am Abend da- vor. Gestern der Blick auf die vielen dekorativen und mit floralen Ornamenten ausgestatteten Häuser und die weitläufigen Plätze. Heute dagegen nackter,

kalter Beton, lange glattgestrichene, graue Teerstra-
ßen. So gegensätzlich beides auf mich wirkte, so
nah standen sich die Bilder; so nah sind Schönheit
und Hässlichkeit, Zweckmäßigkeit und Ungeeignet-
heit, Richtig und Falsch beieinander; nur Moment-
aufnahmen eines fremden Betrachters, der nicht
weiß, was die Welt zusammenhält.

Während Florian noch schlief, holte ich meinen Kul-
turbeutel und ging duschen. Ich machte mich fertig,
zog mich an und wartete darauf, dass er demnächst
aufwachen würde. Einen Augenblick später, ich
wollte gerade den Laptop hochfahren, klopfte es.
Kristína öffnete mit einem großen Lächeln die Tür.
Mit einem lauten „Guten Morgen, Jungs!" begrüßte
sie uns. Florian wurde ad hoc munter, schaute sie
knurrend an und schloss die Augen wieder, um wei-
ter zu schlafen. Sie erklärte mir, dass sie mit uns zur
Universität fahren wolle. Es ginge um die Vorstellung
beim Auslandskoordinator, um unsere Zertifizierung
für das Wintersemester abzuholen. Sie erklärte,
dass zum Warten keine Zeit sei, da sie noch andere
Termine habe und in der Universität bereits Thibault
warten würde. Ich nickte ihr zu, gab mein Einver-
ständnis. Zugleich sagte ich ihr (so hatte ich Florian
kennengelernt), dass er erst ausschlafen wolle,

bevor wir loskönnten. Kristína ließ sich nicht davon abbringen, Florian zu wecken. Sie ging zu seinem Bett und rüttelte ihn wach. Sichtlich genervt stand er schließlich auf. „Die haben hier alle ein Temperament. Lassen einen noch nicht mal ausschlafen", sagte er zu mir, bevor er duschen ging. Während Florian duschte, unterhielt ich mich mit ihr. Sie erzählte mir, dass sie auch hier im Wohnheim in einem der oberen Stockwerke wohne. Sie studiere im achten Semester Sprachwissenschaften und wolle später als Dolmetscherin arbeiten. Ich erzählte ihr hierauf, dass wir beide uns am Ende unseres Studiums befänden. Die Zeit hier wolle ich nutzen, um an meiner Abschlussarbeit zu schreiben. Gleichzeitig wollten wir das Land, das Leben und die Menschen hier kennenlernen, was den Aufenthalt hier für uns sehr aufregend machen würde. Kristína lächelte. Wahrscheinlich lächelte sie aus Höflichkeit. Wahrscheinlich hatte sie solche Aussage bereits mehrfach oder hundertfach gehört; wohlwissend, dass die meisten Auslandsstudenten die Zeit hier mehr mit Feiern und Trinkorgien verbrachten, als tatsächlich die Leute und ihre Traditionen kennenzulernen.

„Es wird dir hier gefallen. Allen Studenten aus dem Ausland gefällt es hier. In zwei Wochen willst du nicht mehr weg von hier", sagte sie freundlich zu mir.

In der Zwischenzeit kehrte Florian zähneputzend ins Zimmer zurück. Immer noch mit knurrenden Augen und genervt, hörte er unserem Gespräch zu. Sein Gesicht sprach eine eindeutige Sprache: Es war definitiv zu früh. Er holte einige Sachen und verschwand erneut im Bad.

Kurze Zeit später hatte sich Florian beruhigt, und wir fuhren mit dem Bus in Richtung Universität. Auf dem Weg dorthin hatte Florian seine Müdigkeit scheinbar überwunden und redete angeregt mit Kristína. Es fällt mir schwer, mich daran zu erinnern, worüber sie redeten. Es muss Alltägliches und Banales gewesen sein. Florian verstand sich darauf, mit Trivialitäten Frauen zu imponieren und sie zu beeindrucken. Der Bus überquerte den Fluss. Auf der anderen Seite des Flusses tauchte eine sozialistische Planstadt auf. Mächtige Quader in Nuancen von weiß, verdrecktem weiß und grau standen still und starr in Reihen nebeneinander. Ich konnte nur einen kurzen Blick auf sie werfen. Sie schienen alt zu sein. An den Fassaden fehlte teilweise der Putz; die Fensterrahmungen aus Holz und behelfsmäßige Instandhaltungsmaßnahmen waren erkennbar. Erstaunt aber nicht wirklich verwundert nahm ich dieses Bild wahr;

ich hatte nichts anderes erwartet. Der Bus hielt. Wir stiegen aus. Durch eine Unterführung gelangten wir auf die andere Straßenseite. Von dort aus waren es noch einige Schritte, bis die Universität in Reichweite kam. Vor uns erschienen zwei nebeneinanderstehende, massive Betonblöcke, die durch einen Flachbau miteinander verbunden waren. An den Fassaden der Blöcke waren schwarze Platten befestigt, die mich an die Schieferhäuser von zu Hause erinnerten. Zugleich wirkten sie auf mich wie die Platten einer großen Echse, welche an der Fassade triumphierend ausgestellt wurden. Dann überwältigte uns der blau gekachelte Eingangsbereich. An den Decken hingen alte, vergilbte Deckenplatten, die sich danach sehnten, ausgewechselt zu werden. Meine Vorstellung und mein erster Eindruck von der neuen Universität bestätigten sich in diesem Augenblick. Das Alte aus einer Zeit, als der Kommunismus hier die treibende Kraft war, musste sich mit dem modernen Charme einer aufstrebenden, jungen Stadt abfinden. Der Wachmann an der Seite des Eingangs wirkte müde und apathisch. Es schien ihm gleichgültig zu sein, wer und wie viele Studenten das Gebäude betraten oder verließen.

Vor den Fahrstühlen wartete ein junger Mann und

blickte in unsere Richtung. Seine Bewegungen waren arhythmisch. Sein Oberkörper bewegte sich leicht nach vorne; und mit einem fast schon unkoordinierten Vorziehen seines rechten Fußes versuchte er, die Bewegung des Oberkörpers auszugleichen; was ihm nicht gelang. Am Fahrstuhl angekommen, begrüßte Kristína ihn.

„Guten Tag, Thibault. Wie geht es dir? Das sind Florian und Alexander aus Deutschland. Sie machen auch ein Auslandssemester hier", begrüßte sie ihn. Thibault musterte uns. Sein Blick wirkte wie seine Bewegungen vor dem Aufzug unkoordiniert. Die Augen waren glasig und mit einem verschrobenen Lächeln und lallender Ausdrucksweise sagte er zu uns: „L'Allemagne!? Oui, ich muss mit euch Englisch reden. Ich bin Thibault aus Lyon. Schön, euch beide kennenzulernen." Wir stellten uns ebenso ihm vor, doch gab uns Kristína keine Gelegenheit für ein kurzes Gespräch. Sie hatte bereits den Fahrstuhl geholt. Mit der Aufforderung „Guys, keine Zeit zum Reden!" stiegen wir in den Fahrstuhl ein. Während der Fahrt hörte ich Florian vor sich hinplappern: „Mann, sind die hier alle bissig. Erster Tag hier. Kein Ausschlafen. Und immer nur Kommandos." Ich schmunzelte. Der Fahrstuhl hielt und wir folgten Kristína

einige Schritte, bis wir vor dem Büro der Auslands-
koordinatorin standen. Die Tür war offen. Man sah,
wie eine Frau mittleren Alters an ihrem Schreibtisch
saß und auf der Tastatur tippte. Rechts und links vom
Computer lagen Berge von Akten und Unterlagen,
die darauf warteten, abgearbeitet zu werden. Wir tra-
ten in das Büro, und Kristína stellte uns vor: „Guten
Morgen, Frau Majerská, ich bin es, Kristína. Hier
sind die beiden Studenten aus Deutschland und Thi-
bault Testud. Sie wollen ihre Unterlagen für dieses
Semester ausfüllen." Frau Majerská erhob ihren
Blick vom Computer, stand auf und ging auf uns zu.
Mit freundlichem Blick begrüßte sie uns alle: „Hallo,
mein Name ist Ekaterina Majerská. Ich bin hier für
die Koordination der ausländischen Studierenden
zuständig. Wenn Sie Fragen zu Ihren Kursen oder
der Anrechnung von Kursen haben, bin ich für Sie
da. Lassen Sie mich zunächst einen Blick auf Ihre
Unterlagen werfen." Sie wandte sich zu ihrem
Schreibtisch und begann in den beiden Stapeln nach
unseren Anträgen auf Teilnahme an den Kursen zu
suchen. Derweil sah ich mich im Raum um. Mit
Blick nach rechts entdeckte ich eine alte Schrank-
wand, deren Oberfläche abgenutzt wirkte. Davor
stand ein großer, massiver Tisch, auf welchem sich

auch Unterlagen mit Anträgen von anderen Studenten türmten. Der Boden aus Laminat wirkte alt und abgenutzt. Man entdeckte auf ihm hellere Druckstellen, an denen früher einmal der Schreibtisch und der große Holztisch gestanden haben mussten. Frau Majerská hatte die Anträge gefunden. „Bitte, entschuldigen Sie", begann sie. „Mein Deutsch ist nicht gut. Deshalb spreche ich lieber Englisch mit Ihnen", setzte sie fort. Florian und ich nickten zustimmend. „Hier ist der Antrag von Herrn Solms." Florian bekam sein ausgefülltes Antragsformular. „Und das ist der Antrag für Herrn Klein und Herrn Testud." Sie reichte Thibault und mir unsere Anträge: „Bitte prüfen Sie, ob die Angaben richtig sind und bestätigen Sie dies mit Ihrer Unterschrift. Sie können an dem Tisch dort drüben Platz nehmen." Mit ihrem Blick wies sie auf den Holztisch vor der Schrankwand. Zwischenzeitlich verabschiedete sich Kristína von uns. Es war das letzte Mal, dass wir sie gesehen haben. Wir gingen unsere Anträge mit all den zusätzlichen Unterlagen, die wir vorab an unserer Heimatuniversität hatten einreichen müssen, durch. Eine Vielzahl von Dokumenten und bürokratischen Texten. Dabei bemerkte ich, dass etwas in meinen Unterlagen fehlte. „Hast du deine Immatrikulationsbescheinigung in deinen Unterlagen, Florian?", fragte ich.

„Ja, sie ist hier hinter dem Lebenslauf", antwortete er. „Hm ...", erwiderte ich, „ich frage Frau Majerská." Thibault ging zu ihrem Schreibtisch, um seine Unterlagen samt seiner Unterschrift abzugeben. Er verließ hierauf den Raum. Zuvor sagte er zu uns, dass er auf uns draußen warten werde. Ich erklärte Frau Majerská, dass die Unterlagen bis auf die Immatrikulationsbescheinigung vollständig seien. Sie entgegnete, dass die Bescheinigung fehlte und nicht von meiner Universität in Deutschland geschickt worden wäre. Sie müsse allerdings explizit vom Auslandsamt meiner Universität an sie gesendet werden. Sonst könnte ich nicht an den Kursen hier vor Ort teilnehmen. Ein leichtes Entsetzen machte sich in mir breit, hatte ich die Bescheinigung dem Auslandsamt der Universität doch zugesandt. Indes versicherte ich Frau Majerská, dass ich genauso verblüfft sei wie sie, dass die Bescheinigung nicht vorhanden ist. Ich bot ihr an, einen Ausdruck der Immatrikulationsbescheinigung, der sich in meinem Rucksack befand, zu geben. Doch das würde nicht reichen und nicht dem allgemeinen Verwaltungsvorgang entsprechen. „Besprechen Sie es mit dem International Office Ihrer Universität!", betonte sie mehrfach. Sie versicherte mir zugleich, dass ich an den Kursen hier vor Ort teilnehmen könne, denn ich sei nicht der Erste, dem sowas passiere. „Nun gut", kreisten die Gedanken in mir. „Da muss ich mich wohl mit dem Auslandsamt noch einmal auseinandersetzen." Florian stand neben mir und gab seinen unterschriebenen Antrag ab. Wir verließen beide das Büro von Frau Majerská. Beim Verlassen rief sie mir nach, dass ich kommenden Montag um 15 Uhr einen Termin mit Herrn Professor Tiruneh habe. Er würde mit mir über meine geplante Abschlussarbeit sprechen wollen. Er sitze im Büro 3.R21. Ich bedankte mich für die Information und trug diese schnell in meine Agenda ein.

Der draußen wartende Thibault wackelte immer noch leicht hin und her. Er fragte, was wir jetzt vorhätten. Wir antworteten, dass wir in die Stadt und einige Lebensmittel einkaufen wollten. Ob er eventuell einen Supermarkt in der Nähe kenne, fragten wir ihn. Thibault bejahte und lud uns ein, uns den nächsten Supermarkt zu zeigen. Während des Einkaufs und des anschließenden gemeinsamen Mittagessens tauschten wir uns über unsere Universitäten, unser Leben wie auch über typische Gewohnheiten aus. Am frühen Nachmittag kamen wir zurück ins

Studentenwohnheim. Thibault verließ uns hier. Abends treffe man sich immer um sieben oder acht in der Küche in der zweiten oder dritten Etage, um zu feiern. Danach verabschiedete er sich und ging wieder in Richtung Stadt. Der Kühlschrank in der Etagenküche erschien uns nicht sicher, um unsere Einkäufe abzustellen. Da es ohnehin Herbst war und die kommenden Tage kälter werden sollten, entschieden wir uns, die Lebensmittel auf dem Balkon unseres Zimmers zu kühlen.

„Ich leg' mich wieder hin. War heute schon viel zu viel Aufregung", sagte Florian zu mir; zog sich seine Sachen aus und legte sich schlafen. Nachdem ich alle Sachen auf dem Balkon zum Kühlen verstaut hatte, stand ich noch einige Zeit auf dem Balkon. Die Luft roch klar und frisch. Und die letzten warmen Sonnenstrahlen des Herbstes fielen herab. Vor dem Wohnheim hielten in unregelmäßigen Abständen Autos mit verschiedenen Euro-Kennzeichen. Sie waren bis an die Decke gefüllt mit Taschen und Koffern. Es handelte sich um die anderen Studenten, die von ihren Eltern hierhergebracht wurden. Wie eine bunte Karawane von Ameisen liefen sie hintereinander in das Studentenwohnheim hinein oder hinaus. Ich entschied mich, das Heim noch einmal zu verlassen.

Weder konnte ich Florians Müdigkeit nachvollziehen, noch mein unstillbares Verlangen, noch einmal loszuziehen. Ich war durstig. Ich war durstig, die Stadt kennenzulernen, in der ich nun studieren würde. Der Durst musste gestillt werden. Florian, der bereits die Augen geschlossen hatte und sich das Kopfkissen aus meinem Bett über seinen Kopf gelegt hatte, rief ich zu, dass ich noch einmal spazieren gehen würde. Es war unklar, ob er es hörte oder bereits schlief. Ich zog meine Jacke an und lief Richtung Stadtzentrum. Am späten Nachmittag kehrte ich zurück. Florian war mittlerweile ausgeschlafen. Er saß aufgerichtet im Bett vor seinem Laptop. Wir begrüßten uns kurz, bevor er ansetzte: „Wir war's draußen?"

„War gut. Bin Richtung Innenstadt am Fluss entlanggelaufen. Dabei bin ich auch an dem Restaurant vorbeigekommen, in dem wir gestern Abend essen waren. Es gibt dort eine nette Seepromenade. Sieht bei Tag dort alles noch schöner aus. Von dort aus ist es auch nicht weit zur Altstadt. Mit wem schreibst du?", fragte ich ihn.

Nach einer kurzen Pause sagte er: „Mit Michel. Geht gerade schwer was ab im Studentenrat. Sind sich alle uneinig über den neuen Haushalt."

„Das Übliche also", entgegnete ich.

Danach setze ich mich hin und begann, die E-Mail für das Auslandsamt zu schreiben. Immer noch verärgert und verwundert darüber, dass meine Unterlagen nicht eingegangen waren, formulierte ich den Sachverhalt so ausführlich und detailliert, wie es nur ging. Es war schwierig für mich, nicht zu emotional zu werden Ich las vor dem Senden der Nachricht noch einmal alles durch. In der Annahme, es handelte sich um ein Missverständnis, drückte ich auf Senden. Nichtsdestotrotz fasste ich den Gedanken, Michel anzuschreiben und ihn darum zu bitten, beim Auslandsamt vorbeizusehen.

„Wollen wir heute Abend mal zu der Kitchenparty schauen? fragte Florian. Vorhin, als du unterwegs warst, waren Vincenzo und Olivier hier. Sind vom Nachbarzimmer und wollen auch zur Party. Ich habe den beiden gesagt, dass wir uns mit ihnen um 19 Uhr treffen."

„Gute Idee! Dann lass uns aber vorher noch etwas zu trinken holen. Da vorne ist eine Tankstelle. Bier und Cola gibt es da sicherlich zu kaufen", antwortete ich ihm.

„Okay, machen wir so. Apropos Essen: Hunger habe ich schon. Hast du irgendwo auf dem Weg hierher einen Imbiss gesehen?", fragte er mich.

„Es gibt vorne bei der Seepromenade einen Schnell-imbiss. Dahinter ist ein Einkaufszentrum. Dort gibt es sicherlich auch noch andere Imbisse", antwortete ich.

„Dann lass uns zum Schnellimbiss gehen. In dem Einkaufszentrum gibt es vielleicht auch einen Super-markt, wo wir etwas zu trinken kaufen können", setzte Florian fort.

Gegen 19 Uhr klopfte es an unserer Tür. Wie ange-kündigt, erschienen Vincenzo und Olivier bei uns. Ein ungleiches Paar auf den ersten Blick: Olivier zu-rückhaltend und sich nicht trauend, Englisch zu re-den. Vincenzo umarmte uns mit italischem Charme und begann, von sich zu erzählen. In für uns bereits geübter Weise stellten wir uns vor und fragten einan-der checklistenartig aus. Wir scherzten über unsere Nationalitäten und hielten uns die landestypischen Klischees vor. Schnell konnten wir Gemeinsamkei-ten feststellen. Wir stießen mit der ersten Dose Bier an.

Eine Stunde später gingen wir in die Küche in der dritten Etage. Diese unterschied sich nicht im Ge-ringsten von der Küche auf unserer Etage. Ein Raum, in weißer Farbe gestrichen. Das Laminat alt, an einigen Stellen klebrig, an anderen Stellen aufgerissen, sodass man den Beton darunter sehen konnte. Links neben der Tür die Küchenzeile. Ein Spülbecken und eine Doppelkochplatte, an der bereits einer der beiden Drehknöpfe abgefallen war. Darüber eine Regalablage, auf der gefüllte Gläser standen. In einem schien Salz oder Zucker zu sein. In den anderen Balsamicoessig. Vielleicht waren es a u c h andere Flüssigkeiten. Der Anblick ekelte mich, und ich wollte es gar nicht so recht wissen, was für ein Inhalt es war. Der Tisch, der in der Mitte des Raumes stand, wirkte im Vergleich zur Größe der Küche verwaist und alleingelassen. An ihm saßen drei Studenten. Einer von ihnen massig und dick mit einem karierten Hemd und gelockten Haaren. Ihm gegenüber saß eine Studentin, die ihrem Aussehen nach aus dem ehemaligen Jugoslawien stammen musste. Sie trug einen grauen Trainingsanzug, hatte lange, schwarze Haare und klammerte sich mit beiden Händen an ihrer Dose Bier fest. Daneben saß Thibault, der dem Dicken zuhörte. Mit einem kurzen „Hallo" machten wir uns bemerkbar und fragten, ob wir uns zu ihnen setzen könnten. „Na klar! Setzt euch!", sagte der Dicke. Wir stellten uns alle gegenseitig vor. Der Dicke gab sich als Benedikt zu erkennen. Das Mädchen hieß Asad. Sie kam aus Serbien.

Wir setzen uns an den Tisch und stießen an. Wie so oft in solchen Momenten schien es wie an einem der ersten Tage im ersten Semester zu sein. Dieser Moment, in dem für einen alles noch neu und unbekannt ist. Wenn der innere Forscherdrang einen antreibt. Wenn man es kaum abwarten kann, dass das Semester mit seinen Höhen und Tiefen losgeht. Jeder wollte über den anderen mehr erfahren: wo man herkommt und wieso man sich ausgerecht für diesen Ort entschieden hat. Indes erschien es wie ein erstes Beschnüffeln bei einem Rendez-vous, wenn man über sein Gegenüber alles erfahren möchte. So sollte ich nicht nur erfahren, wer diese und die noch kommenden Charaktere waren, sondern ich wollte auch einen guten ersten Eindruck hinterlassen. Benedikt ergriff ohne Aufforderung wieder das Wort und erzählte, dass er aus Deutschland komme und einfach Bock auf ein Semester im Ausland hatte. Thibault, der immer noch lallte - dieser Zustand sollte während der gesamten Zeit unseres Aufenthaltes kein Ende nehmen, sodass sein Lallen einfach zu ihm gehörte - erzählte, er müsse zwei Semester im Ausland als Pflichtteil seines Studiums absolvieren. Olivier erzählte, dass seine Eltern ihn ins Ausland geschickt hätten. Er solle seine Sprachkenntnisse verbessern. Auf uns erschien er wenig erfreut darüber, hier zu sein. Auch er würde hierbleiben für zwei Semester. Vincenzo, der noch schnell einen Schluck aus seiner Bierdose nahm, wollte schon immer ins Ausland gehen. Der Ort hier sei der ideale Abstand zwischen seinen Eltern und seiner Universität. Wir lächelten alle, wussten wir doch genau, was er meinte. Gewiss würden wir hier den ein oder anderen Partyabend erleben. Dies sollte allerdings nicht die Mehrzahl der Tage hier einnehmen. Rückblickend und mit leichter Verwunderung lache ich darüber, wie verblendet und naiv ich zur damaligen Zeit dachte. Das leichte Leben, das sollte ich erst noch lernen, lag vor mir. Das schwere und harte Leben, die vielen absolvierten Kurse und Praktika, hafteten an mir wie eine eiserne Rüstung.

Wir hatten die Vorstellungsrunde fast beendet. Asad, immer noch an ihr Bier geklammert, stellte sich vor. Sie hatte eine kratzende Stimme, die lautstark die Küche füllte. Den Grund für ihre Anwesenheit konnte sie nicht exakt beschreiben. Es war wohl eher die Langeweile, die sie hierhertrieb. Abschließend erzählten Florian und ich über das Wo und Warum unseres Auslandsaufenthaltes. Die anderen schauten mich fragend und verwirrt an, als ich ihnen sagte, dass ich hier meine Abschlussarbeit schreiben wolle. Bevor ich mich erklären konnte, war auf dem Gang vor der Küche ein immer lauter werdendes Geräusch aus einer Myriade von Stimmen zu hören. Von einem Augenblick zum nächsten füllte sich die Küche mit anderen Studenten. Ein Wirrwarr an Stimmen, Sprachen und Dialekten. Auf der Küchenzeile wurden Boxen installiert, und schnell wurden die Stimmen noch lauter als die Musik aus den Boxen.

Benedikt kannte einige von den neu Hinzugekommenen und winkte sie zu sich her. Und wieder ging das gleiche Spiel wie zuvor los. Wieder stellten sich alle einander vor: das Wo, das Warum und die ersten Gemeinsamkeiten wurden eruiert. Florian und ich standen vom Tisch auf und suchten das Gespräch mit den anderen Studenten. So viele Nationalitäten in diesem Wohnheim vereint, um miteinander bekanntzuwerden und um einander zu verstehen. Mein Idealismus und die überschäumende Euphorie, die mich begleitete, waren genauso groß wie meine unstillbare Neugier. Gerne suchte ich das Gespräch mit jedem, um zu erfahren, wer sie oder er war. Allerdings bemerkte ich, dass Sprachbarrieren es nicht möglich machten, alle kennenzulernen. „Nun gut", dachte ich, „mit der Zeit wirst du sicherlich die

Möglichkeit haben, alle kennenzulernen und dich mit ihnen auszutauschen." Wenngleich ich viele verschiedene Gespräche an diesem Abend führte, kam aus dem Nichts der Gedanke an dich. Aus den Gesprächen zog ich mich folglich mehr und mehr zurück, stellte mich mit dem Rücken an die Wand. Die Gedanken an dich kreisten um mich, obgleich der Raum voller Menschen und Lärm war: „Was machst du in diesem Moment? Bist du bei deinen Eltern? Schaust du TV?" Deine Silhouette und dein Lächeln von gestern am Bahnhof vor Augen, stand ich eingekapselt an der Wand und nippte an der zweiten Dose Bier. Was war das in mir? Was war das, dass ich schlagartig so viele Gedanken an dich hatte? Es war mir völlig fremd, dieses Gefühl, das aus den Gedanken keimte; und mir fiel der Umgang damit schwer. Ein ähnliches Gefühl hatte ich vorher nur selten gespürt. Spürte ich es in seinen frühen Zügen, wie es sich in mir vermehrte, erdrückte ich es rasch mit meinen Ambitionen und Zielen. Ich ließ keinen Zweifel daran, dass es in meinem Plan keinen Platz hatte! Immer nur das Ziel zählte für mich! Und jetzt begann es, sich von Neuem in mir auszubreiten. Und jetzt konnte ich nichts dagegen tun? Versunken in einer Kapsel aus Gedanken, stand

ich unbewegt da; abseits des Treibens in der Kü-
che.

„Hey! Und du?", rief eine Stimme und riss mich aus
den Gedankenfetzen. „Was, ich?", fragte ich zurück.
„Ja du!", sagte die andere Stimme. Einer der vielen
Studenten hatte sich vor mir positioniert. Er war etwa
einen Kopf kleiner als ich und hatte rötliches Haar.
„Wieso kniff er seine Augen zu? Oder schaute er im-
mer so?", wunderte ich mich. Seine Kleidung sah mo-
dern und en vogue aus. „Wenn du es nicht schaffst
zu reden, fang' ich mal an: Ich bin Hendrik Leonhardt
Schumann. Mein Vater ist Advokat und Partner bei
,Schumann, Gocke und Partners'. Das sollte dir et-
was sagen."

„Aha", erwiderte ich apathisch. „Wie du aussiehst,
scheinst du nicht über die nötigen finanziellen Mittel
zu verfügen, um dich gut zu kleiden", antwortete er
mir. „Ich weiß nicht, was das mit mir zu tun haben soll.
Papi zahlt dir ein großes Taschengeld, damit sein
Sohn schick rumlaufen kann, H.L."

„Ich heiße Hendrik Leonhardt!", erboste er sich über
meine Reaktion. „Das habe ich doch gesagt, H.L. Ich
werde dich jetzt nur noch H.L. nennen." Mit dem letz-
ten Satz öffneten sich seine zusammengekniffenen
Augen. Aus ihnen sah man ihm den Ärger über

seinen Namen an; ich lächelte in mich hinein. Hastig nahm er einen kräftigen Schluck aus seiner Dose, worauf er sich beruhigte.

„Wie bist du darauf gekommen, hierher zu kommen?" Ich erklärte ihm die Beweggründe. Zugleich wollte ich das Gespräch mit ihm beenden, gab es doch aus meiner Sicht keine Gründe, dieses fortzusetzen. „Ey, cool Mann! Hab' davon schon gehört, dass es so einen Typ im Wohnheim geben soll. Scheiß doch auf die Thesis. Das kann auch eine von den heißen Bräuten hier für dich machen. Die warten alle auf uns, um von uns mal schön durchgefickt zu werden. Wir sind sowieso hier, um Spaß zu haben und Party zu machen", verhöhnte er mich. Meine Dose Bier war alle. Ich gab ihm zu verstehen, dass ich auf mein Zimmer gehen werde, um neues Bier zu holen. Mit einer Geste wies er mich an, stehen zu bleiben. Er griff hinter sich und holte eine neue Dose hervor. Ohne ein Wort zu äußern, übergab er sie mir. Der Versuch, das Gespräch mit ihm abzubrechen, misslang. „Danke", sagte ich. Das Reden überließ ich H.L., und stets begann er von Neuem, sich über das Wohnheim, die Menschen und die Kultur zu echauffieren. Mehrfach betonte er, jeden Tag mindestens eine Studentin bumsen zu wollen. Abwertend äußerte er sich über alles. Lethargisch nahm ich seine Aussagen wahr. Mich widerte an, was er von sich gab. Der Aufenthalt hier solle nicht zu ernst genommen werden. Im Verlauf des Gespräches stellte sich ein Italiener zu uns und stieg auf H.L.s Monolog ein. Nach dem üblichen gegenseitigen Vorstellen diskutierte er indes intensiv mit H.L. über dessen Vorstellung von seiner Zeit hier.

Meine Augen suchten Florian. Er stand am Eingang der Küche und redete mit einigen Spanierinnen. „Worüber er sich mit ihnen wohl gerade unterhält?", ging es mir durch den Kopf. Schließlich entschloss ich mich, mich aus der Diskussion mit H.L. auszuklinken. Mit einem einfachen „Entschuldigt bitte" schob ich die beiden zur Seite und ging zu Florian. Neben Florian stehend, rief ich kurz in die Runde:

„Hola, Señoritas!" Verschmitzt lächelten sie. Ich hörte ihnen zu und war erfreut, etwas anderes zu hören als das Geschwätz von H.L. Nach einiger Zeit verstummte die Musik. Die Masse der Studenten bewegte sich aus der Küche hinaus. „Weißt du, was hier vorgeht?", fragte ich Florian. „Die wollen alle noch weg. Irgendwo in die Stadt. Der Club heißt ‚Boat' oder so", Erwiderte er. Und er setzte fort: „Ich bleib' hier. Durch die Weckaktion von heute Morgen bin ich immer noch müde."

„I m m e r noch?", fragte ich und setzte nach: „Dann bleib' ich auch hier."

Zurück auf unserem Zimmer und im Bett liegend, hörten wir draußen die anderen Studenten, wie sie diskutieren und auf ihre Taxis warteten, die sie zu „Boat" brachten. Eine Weile starrte ich an die Decke und ließ die Eindrücke von gestern und heute Revue passieren. Die Gedanken an dich waren unablässig da. Dadurch entstand ein gutes Gefühl in meinem ganzen Körper. Damit schlief ich langsam ein.

Abschnitt 2

Hallo Michel,

Florian hat dir schon geschrieben, dass wir hier gut gelandet sind. Wir haben uns mehr oder weniger ein-gelebt bzw. sind noch dabei, uns einzuleben. Ein paar andere Studenten haben wir schon kennengelernt. Es ist ein bunter Haufen, sage ich dir! Allerdings ist das gut so, und so soll es sein! Du kennst ja meinen Drang nach Neuem. Am Wochenende waren wir zum ersten Mal in einer der vielen Diskotheken hier. Ist ein völlig anderes Erlebnis als bei uns. Wie ich finde, sind die Leute viel offener und toleranter. Will nicht ausschließen, dass das an dem Ausländerbonus liegt. Gestern wurde von den Buddies eine Stadtfüh-rung organisiert. Es ist eine wunderbare Stadt. Viele kleine, verwinkelte Gassen, klassizistische Gebäude und Jugendstil. Noch schöner als bei uns. Kurzum: Ich fühle mich hier wohl!

Ich hatte letzten Freitag nochmal in das Excel-Sheet „Outgoers Wintersemester" geschaut. Darin ist im-mer noch nicht vermerkt, dass meine Immatrikulati-onsbescheinigung beim Auslandsamt eingegangen ist und an die Universität versendet wurde. Ebenso teilte mir die Auslandskoordinatorin hier mit, dass meine Unterlagen noch nicht vollständig eingegangen seien. Hatte den Bearbeitern bereits mehrfach den Hinweis gegeben und die Bescheinigung eingereicht. Daher möchte ich dich bitten, zum Auslandsamt zu gehen und den Bearbeitern meine Immatrikulationsbescheinigung vorzulegen. Kannst du auch nach dem Verbleib meiner Unterlagen fragen? Die sollen sie gleich an die Universität hier schicken.

Dank' dir schon mal im Voraus! Viele Grüße nach Deutschland!
Alex

Montagmorgen. Kurz nach acht Uhr. Florian quälte sich mit einem verkrampften Gesichtsausdruck nicht wieder einzuschlafen und ging unter die Dusche. Bedingt durch unsere Aktivitäten am Wochenende versäumte ich es, Michel in Deutschland wegen meiner fehlenden Immatrikulationsbescheinigung zu schreiben. Die Zeit drängte; um neun Uhr begann unsere erste Vorlesung. Wie immer wohnte der ersten Vorlesung im Studienhalbjahr ein Zauber inne. Florian stolperte aus dem Badezimmer.

Fluchend wegen der Uhrzeit und wegen seines leeren Magens, zog er seine Sachen an. Wir beeilten uns, zur Bushaltestelle zu kommen. Dort standen mehr Studenten, als wir erwartet hatten. Irritiert von der großen Anzahl, stellten wir uns zu ihnen. Mehr noch als über das, ärgerten wir uns über den Bus. Der Bus, der kam, war bereits voll mit Leuten. Weder ein Sitz- noch ein Stehplatz waren frei. Dennoch öffnete der Bus seine Türen. Wie ein Schwarm strömten die wartenden Studenten in den Bus hinein. Ohne zu hinterfragen, was geschah, taten wir es ihnen gleich. Die Stehenden im Bus wurden weiter zusammengepfercht, bis schließlich alle im Bus auf die ein oder andere Art Platz gefunden hatten. Das Gedränge störte mich. Auf dem Weg zur Universität sahen wir den Italiener von der Kitchenparty von letzter Woche wieder. Mit einem lächelnden Nicken grüßten wir einander. An der Universität angekommen, gesellte er sich rasch zu uns und nahm das Gespräch auf. Er stellte sich als „Vito" vor und sagte, er sei aus Mailand. Erneut stellten wir uns alle gegenseitig vor. Florian redete auf dem Weg von der Haltestelle zur Universität vorwiegend mit ihm. Vito unterbrach ihn kurz, als er sah, dass ich aus meinem Rucksack meine Kamera holte und den Eingangsbereich der Universität fotografierte. Ich gab ihm zu verstehen, dass ich es mir zum Ziel gemacht hatte, soviel wie möglich zu fotografieren, um alle Erinnerungen an den Aufenthalt festzuhalten. Sofortwiederholte er meine Ausführungen aus seiner Perspektive. „Soll er doch!", dachte ich mir. Im Vergleich zu letzter Woche wirkte er sympathisch. Wahrscheinlich war das der Situation geschuldet, in welcher er in den Dialog von H.L. eingestiegen war.

Die erste Vorlesung sollte beginnen. Doch war kein Dozent im Hörsaal. Mit einer Viertelstunde Verspätung erschien die Dozentin. Sie entschuldigte sich dafür. Zu diesem Zeitpunkt wussten wir noch nicht, dass es hier die Regel war, dass die Dozenten später kamen als vorgesehen. Wir gewöhnten uns im Verlauf des Semesters nur langsam daran. So etwas kannten wir bisher nicht und empfanden es als unhöflich. Die Teilnehmer des Kurses waren bunt zusammengewürfelt aus den verschiedensten Nationalitäten Europas. Jeder musste sich zu Beginn vorstellen: Name, Herkunft, Grund für den Auslandsaufenthalt. Wie sich herausstellte, erfolgte dieses Prozedere für jeden Kurs, den wir hier belegten. Als langatmig und zeitraubend nahmen Florian und ich das wahr. Darüber hinaus waren wir über die

Geschwindigkeit der Lehre entsetzt. Aus Deutschland gewöhnt, Fakt um Fakt zur Organisation der Veranstaltung zu hören und ohne Verzögerung in die Vorlesungsinhalte einzusteigen, entschleunigte sich der Kurs hier gleich zu Beginn. Mehrfach wiederholte die Dozentin, dass Anwesenheitspflicht herrsche, jeder einen Vortrag zu halten habe und eine Klausur erfolgreich zu absolvieren sei. Die anfängliche Euphorie in Bezug auf die Lehre an der ausländischen Universität schlug rasant in Langweile um. Florian kritzelte irgendetwas in seinem Block herum. Linien, die schräg über das Blatt verliefen, sich kreuzten und in scharfen Kurven an ihren Anfangspunkt zurückkehrten. Ständig schaute ich auf meine Uhr. Ich flehte die Zeit durch die Blicke auf die Uhr an, schneller fortzuschreiten. Wieder aufschauend, blickten all die anderen Studenten mit gefesselten Blicken nach vorne an die Tafel. Ungleich was ihnen durch den Kopf ging, sehnte ich das Ende der Veranstaltung herbei. Mit viel ungeduldiger Geduld ertrug ich die zähen Phrasen der Dozentin und wünschte mir sogleich, nicht alle Veranstaltungen mögen so sein.

Das Klingeln kurz vor elf Uhr beendete die Vorlesung. Rasch packte ich meine Sachen ein.

Durch die Buddies wurden alle neuangekommenen Studenten zu einem Begrüßungsevent eingeladen. Er fand im Anschluss an die Vorlesung statt. Du warst auch da. Selbst wenn wir uns bisher bloß am Tag unserer Ankunft für einige Stunden gesehen und vorab einige Worte per E-Mail gewechselt hatten, konnte ich es kaum abwarten, dich wiederzusehen. Ich ließ mir nicht anmerken, rasch den Hörsaal verlassen zu wollen und zur Eröffnungsveranstaltung zu gehen.

Vor der Aula angekommen, stand eine lange Schlange, die sich langsam hineinschob. Neben dem Eingang standest du plaudernd mit den anderen Buddies. Du hattest dein Haar offen, trugst einen safran-farbenen, geriffelten Pullover und einen braunen Rock. Du sahst an diesem Tag wunderschön aus! Du erkanntest uns. Du gingst mit einem Lächeln auf uns zu. Ich war erfreut, dich zu sehen. „Hallo ihr beiden! Wie geht es euch?"

„Gut geht es uns", sagte Florian, und ich ergänzte: „Wir kommen gerade von unserer ersten Vorlesung." Hat sie euch gefallen?"

„Sie war gut. War mal etwas anderes."

„Und wie hat euch die Stadt gefallen? Ihr seid gestern bei der Stadtführung gewesen?"

„Ja, waren wir. Die Führung war gut. Es ist eine sehr schöne Stadt", antwortete Florian.

„Wie seid ihr beiden hierhergekommen?"

„Mit dem Bus", antwortete ich.

„Habt ihr schon eine Studentenkarte für den Bus? Ihr könnt damit für die Zeit eures Aufenthaltes so viel und lange Bus und Straßenbahn fahren, wie ihr möchtet."

„Von der Studentenkarte wussten wir nichts. Wir haben einfach eine Fahrkarte am Automaten gelöst", erklärte ich.

„Ok, dann fahre ich mit euch nachher zur Servicestation. Die Leute dort sprechen kein Englisch. Sie verstehen euch nicht. Lieber komme ich mit."

Die bis vor einigen Minuten lange Schlange war verschwunden. Die letzten Studenten wie Florian und ich traten in die Aula hinein. Von Weitem winkte uns Vito zu. Er signalisierte, zwei Plätze für uns freigehalten zu haben. Ich blickte mich um. Das ein oder andere bekannte Gesicht aus dem Wohnheim war zu sehen. Außerdem viele neue, unbekannte Gesichter. Gesichter, die man nur einmal und dann nie wieder sehen wird. „Ob sie aus anderen Wohnheimen kommen? Ob sie länger als ein Semester bleiben? Wo sie wohl herkommen?", ging es mir durch den Kopf. Modrig und alt wirkte der Saal. Ähnlich dem Äußeren der Universität glich auch das Innere der Aula einer alten vergangenen Ideologie. Einer Vergangenheit, die sich nicht erneuern konnte. Ein Gestern, welches nicht bereit für das Morgen war.

Das kakophone Durcheinandergerede verstummte, als ein betuchter, älterer Herr, der umgeben von scheinbar gleichaltrigen Damen war, zu sprechen begann. Das Mikrofon, in das er sprach, war schlecht justiert. Seine Stimme daraus klang schwach und leise. Als Leiter des internationalen Auslandsprogrammes stellte er seine Kolleginnen und sich vor. Ohne großes Interesse der teilnehmenden Gäste erläuterte er die Bedeutung solcher Programme und den Standortvorteil der Universität hier in der Mitte Europas. Es war allgemeines Gerede und Selbstbeweihräucherung seiner Institution. Nach einem zwanzigminütigen Monolog weder gehaltvoll noch informativ schloss er mit der Aufforderung, dass jeder Einzelne im Saal sich vorstellen solle. Aus Florians Augen sprach ein Seufzer, was er kommentierte mit: „Ich steh' da bestimmt nicht auf!" Ich fühlte ähnlich. Das Mikrofon wurde von Student zu Student gereicht, bis es bei uns angekommen war. Florian, der sonst bei solchen Dingen eher Showman ist und sich gerne präsentiert, hielt das Mikrofon kurz vor seine Lippen, sagte seinen Namen und reichte es an mich weiter. Ich musste in mich hineinlächeln, nahm das Mikrofon und stellte mich vor. Nachdem ich das Mikrofon an Vito überreicht hatte, ergänzte ich Florians Worte mit: „War doch gar nicht so schlimm." Er schüttelte den Kopf.

Die Veranstaltung endete just, als der Letzte sich vorgestellt und dem Alten das Mikrofon übergeben hatte. Die Studentenmenge presste sich durch den schmalen Ausgang rasch hinaus. Florian und ich verließen als Letzte den Raum. Gegenüber der Tür hast du gewartet. Du hast gelächelt. Wir verließen die Universität und gingen zur Bushaltestelle. „Hier, für euch", sagtest du. In der Hand hattest du zwei Busfahrkarten für uns. „Du hättest doch nicht für uns …", begann ich. „Das ist kein Problem. Das macht man hier so für seine Gäste", unterbrachst du mich. Ich wusste nicht, was ich darauf sagen sollte, und nahm dankend die Busfahrkarte entgegen. Indes war ich verblüfft von dem hohen Maß an Freundlichkeit und deiner Hilfsbereitschaft. Zuvor war mir solch ein Umgang fremd gewesen.

Der Bus kam, und wir fuhren Richtung Stadtzentrum. Auf der Fahrt dorthin sahen wir den Rest der Trabantenstadt. Ein Betonbau nach dem anderen zog vorbei. Ein Sammelsurium an diversen Graustufen und nicht schön anzusehenden Häusern. Es wirkte trist. „Wie die Menschen, die dort in der fünften oder achten Etage wohnen, wohl leben?", fragte ich mich. Wir überquerten den Fluss. Die Silhouette des Stadtbildes änderte sich. Von den Betonmonolithen war nichts mehr zu sehen. Stattdessen glitten klassizistische Gebäude vorbei. Ein konträres Bild. Wir stiegen am Parlamentsplatz aus. Durch eine Unterführung kamen wir zum Servicezentrum. Du stelltest dich vor uns und erklärtest der Dame am Schalter, dass wir ein Studententicket kaufen wollten. Lautstark antwortete sie dir. Auf mich wirkte es wie ein Anschreien. Dabei hatte sie dir nur erklärt, dass wir unsere Studentenausweise vorzeigen müssten. Einen Moment lang musterte sie unsere Ausweise und tippte anschließend auf ihrem Computer etwas ein. Sie reichte dir die beiden Tickets und schrie dich an, dass der Preis für beide siebzig Euro betragen würde. Du drehtest dich zu uns um und sagtest, dass das die Tickets seien und wir sie nur einmal im Bus abstempeln müssten. Ebenso sollten wir der Dame

am Schalter siebzig Euro für beide Tickets geben
Wir taten, wie du gesagt hattest.

Wieder auf dem Parlamentsplatz angekommen, fragtest du: „Habt ihr schon etwas zu Mittag gegessen?" Wir verneinten. „Also wenn ihr da vorne die Treppe runtergeht, kommt ihr auf die Handelsstraße. Von dort aus rechts findet ihr ein Restaurant für Studenten. Dort gibt es viele unserer Landesspezialitäten zu essen."

„Mir knurrt schon der Magen", entgegnete Florian.

„Dann sollten wir da hin", sagte ich fort und fragte dich: „Willst du mitkommen? Wir laden dich zum Mittagessen ein. Du hast uns die letzten Tage so sehr geholfen, uns hier zurechtzufinden."

„Also nein. Das musst du nicht. Ich helfe euch gerne. Ich muss gleich in die Universität zum Lernen zurück."

„Zum Lernen? Das Semester hat doch heute erst begonnen. Und schon lernen?", fragte ich verblüfft."

„Ich muss Deutsch-Vokabeln lernen."

„Aber dein Deutsch ist schon sehr gut", entgegnete ich.

Ausweichend sagtest du: „Die Woche habe ich vielleicht wieder etwas mehr Zeit. Dann werde ich euch schreiben, und wir können etwas zusammen unternehmen.“

„Okay. Gerne“, sagte ich, und Florian fügte hinzu: „Wir können ja mal etwas trinken gehen.“

„Ich gebe dir meine Handynummer.“ Du blicktest mich fragend an mit der Bitte, deine Nummer zu notieren. Diesen Wunsch konnte ich schwer ausschlagen. Im Gegenteil: Ich freute mich sogar riesig darüber. Ich klingelte dich an. In deiner Tasche vibrierte es. Du durchsuchtest deine Tasche und holtest dein Handy heraus. Dann warfst du einen Blick auf das Display und schautest mich kurz danach lächelnd an: „Jetzt habe ich deine Nummer! Ich schreibe euch dann. Ciao, ihr beiden.“ Du drehtest dich um und gingst zur Bushaltestelle. Ich schaute dir nach, nachdem ich mein Mobiltelefon zurückgesteckt hatte.

Wir aßen in dem Restaurant, das du uns empfohlen hattest. Danach nahm Florian den Bus in Richtung Wohnheim. Ich in Richtung Universität. Um 15 Uhr sollte ich mich mit Professor Tiruneh treffen. Zurück in der Universität fragte ich mich durch zum Büro des Professors. Zimmer 3.R21 stand auf dem Schild rechts neben der Tür. Ich klopfte. Aus dem Raum rief eine Stimme „Ja! Treten Sie ein.“ Ich öffnete. Hinter einem alten, vergilbten Schreibtisch saß ein Mann mittleren Alters mit kurzen, gekräuselten, schwarzen

Haaren. Die Gläser seiner Brillen waren nicht größer als seine Augen selbst und wurden von einem dünnen Silbergestell festgehalten. Er hob den Kopf; lächelte mir zu. Mit seiner Hand machte er eine Geste, dass ich mich setzen solle.

„Hatten Sie eine angenehme Anreise?", begann er das Gespräch. Mit einem kurzen Satz erwiderte ich: „Ja das hatte ich."

„Sie werden Ihren Aufenthalt sehr genießen. Viele Studenten genießen die Zeit und das Leben hier. Sie werden sehen, dass manches anders ist, als sie es von Ihrer Universität gewöhnt sind." Er schmunzelte. Ich blieb stumm. „Sie sind für meinen Kurs in internationaler Finanzierung eingeschrieben. Eine gute Wahl. Ich lehre gerne für die ausländischen Studenten. Es ist immer ein Vergnügen, Vorlesungen in einem internationalen Kurs zu geben."

Ich unterbrach ihn: „Oh ja, es ist definitiv etwas anderes. Ich bin gespannt auf den Kurs."

„Von Frau Majerská habe ich Ihren Achievement Overview und CV angefordert." Er wandte sich zu seinem Computer. Mit zwei Klicks öffnete er die Dateien und bewegte den Cursor auf und ab. „Sie sind Magisterstudent für Taxation und Makroökonomie. Interessante Kombination. Ein spannendes

Themenfeld. Wir sind heute hier, um über Ihre Abschlussarbeit zu reden. Haben Sie sich dazu schon eigene Gedanken gemacht?"

„Nun ja", begann ich, „mir ist ein konzeptioneller Vergleich zwischen dem Steuersystem hier und in Deutschland in den Sinn gekommen."

„Gut, gut. Das Thema kann man erweitern und größer fassen. Sehen Sie, Europa ist durchzogen von verschiedenen Steuerregimen. In Nordeuropa dual. In Mitteleuropa progressiv und in Osteuropa einstufig. Sie können Ihre Arbeit in einen makroökonomischen Kontext setzen. Was halten Sie davon, wenn Sie die makroökonomischen Effekte der Steuersysteme auf die Wirtschaft der europäischen Länder darstellen. Es sollte vor allem um die Effektivität der Steuersysteme gehen."

Ich zögerte mit meiner Antwort.

„Sie sagen nichts. Also stimmen Sie zu. Das ist ein guter Deal für Sie!"

„Sollte ich nicht erst noch einmal darüber nachdenken?"

„Das brauchen Sie nicht. Anhand Ihrer Referenzen erkenne ich, dass Sie der Herausforderung gewachsen sind. Lassen Sie das Thema erst einmal sacken. Ich werde Ihnen morgen dann einen Titelvorschlag zusenden. Die Gliederung Ihrer Thesis können Sie mir dann innerhalb der kommenden zwei Wochen zur Durchsicht schicken."

„Okay. Können wir so machen. Im Hinblick auf den Titel der Arbeit werde ich Ihnen rasch antworten."

„Sehr gut! Bis dahin wünsche ich Ihnen einen guten Tag! Und nicht vergessen: Wir sehen einander morgen Früh zur Vorlesung."

„Auf Wiedersehen!"

Ich stand auf und verließ das Büro des Professors. Vor dem Fahrstuhl wartend, ging mir der Themenvorschlag durch den Kopf: „Bei der Themenwahl bist du schön überrumpelt worden. Dennoch: tolles Thema. Literaturrecherche wird nicht einfach. Gliederung in zwei Wochen erstellen. Anspruchsvoll. Aber nicht unlösbar. Möglicherweise demnächst mal wieder eine Nacht durchmachen. Die Datenbanken der Universität durchforsten."

Im Foyer der Universität angekommen ging ich auf den Ausgang zu als unerwartet von der Seite eine Stimme rief: „Alex!" Ich blieb stehen und sah nach rechts. Du warst es! „Was machst du hier?"

„Ich war oben bei Professor Tiruneh. Wir haben über meine Abschlussarbeit gesprochen."

„Deine Abschlussarbeit?"

„Ja. Florian und ich schreiben sie hier."

Du unterbrachst mich: „Worüber willst du schreiben?"

„Der Professor hat vorgeschlagen, über die Steuersysteme in Europa zu schreiben und wie die auf die Wirtschaft wirken."

„Über Steuern? Das ist sehr kompliziert. Viele von uns mögen die Steuern nicht. Das ist so langweilig."
„Nun", fing ich an.

Du unterbrachst mich im Satz mit einem Lächeln:

„Dann kannst du meine Steuererklärung und die meiner Eltern machen. Die sind immer sehr bestürzt."

Ich lächelte auch und sagte: „Das mache ich gerne. Wo kommst du her? Wie war das Lernen?"

„Deutschunterricht war gut. Wir haben heute etwas über den deutschen Staat und die Bundesländer gelernt. Kennst du dich damit aus?"

„Puh. Ja ein wenig."

„Dann kannst du mir beim Lernen der neuen Vokabeln helfen?"

„Klar doch."

„Als Hausaufgabe sollen wir eine Collage machen, die den deutschen Staat erklärt. Kannst du mir dabei helfen?"

„Ja."

„Super, Alex! Ich werde alles zusammensuchen und dir schreiben. Wir können zusammen hier vorne an der Collage arbeiten." Mit einem Handzeichen zeigtest du auf den Loungebereich.

„Alex! Der Bus kommt gleich und ich muss ins Wohnheim."

„Ich muss auch wieder zurück. Ich begleite dich." Zusammen verließen wir die Universität. Auf dem kurzen Weg zur Bushaltestelle sagtest du mir, dass am Mittwoch eine Studentenparty im Cambriaclub sei. Florian und ich sollten unbedingt dort hingehen. Darauf fragte ich dich, ob du auch mitkommen würdest. Du verneintest. Innerlich ärgerte ich mich, dass du nicht mitkommen konntest. Dein Bus kam. Wir umarmten uns herzlich. Gerne wäre ich jetzt miteingestiegen und mitgefahren.

Bis ich beim Wohnheim ankam, verlor ich für mich untypisch, keine Gedanken an die Thesis. Wo waren sie? Das kannte ich so nicht. Stattdessen waren da so viele wunderbare Gedanken an dich. So nett. So zuvorkommend. So viel positive Energie. Dein Lächeln. Deine Worte. Das Hoffen darauf, dass du am Mittwoch vielleicht doch mit in den Cambriaclub kommen würdest. Seltsam fühlte es sich an.

Seltsam und angenehm. Warm und wohltuend. Zurück im Wohnheim hörte ich aus der Etagenküche viele Stimmen und Musik. Ein Blick in die Küche zeigte mir, dass die Spanier mit dem Kochen angefangen hatten. Und im Hintergrund spielte Flamencomusik mit elektronischen Beats. Bald schon bildete sich der Begriff „Spanish Ghetto" im Wohnheim heraus. Da es für Nichtspanier unmöglich war, in der Küche zu essen oder zu telefonieren, ohne von den Spaniern skeptisch beäugt zu werden. Ich drehte mich um und ging in unser Zimmer. Florian saß an seinem Schreibtisch vor seinem Laptop.

„Hi. Wie war's beim Professor?", fragte er.

„Gut. Wir haben gleich ein Thema gefunden. Morgen will er mir den Titelvorschlag für die Thesis zusenden, und in zwei Wochen soll ich die erste Gliederung einreichen", erwiderte ich. Florians Gesicht war fixiert auf seinen Laptop. „Den haben wir auch in International Finance, morgen", ergänzte ich.

„Meiner hat sich vorhin bei mir gemeldet. Soll morgen Nachmittag vorbeikommen. Werde ihm von meiner Idee mit der Gruppenbesteuerung erzählen. Wird er bestimmt akzeptieren. Um was geht es bei dir?"

„Die Implikationen unterschiedlicher Steuerregime auf die Konjunktur von Ländern innerhalb Europas."

Lakonisch kommentierte Florian: „Sehr makro-lastig."

„Auf jeden Fall. Wird herausfordernd, aber schaffbar. Ich setze mich gleich heute Abend ran." Florian blickte weiter auf seinen Laptop. Von der Seite erkannte ich, dass er bei Facebook chattete.

„Mit wem schreibst du?", fragte ich.

„Mit Fiona." Ohne ihn danach weiter zu fragen, setzte ich fort:

„Ich habe in der Uni noch …"

„Vincenzo war hier", unterbrach er mich. „Heute Abend ist wieder Kitchenparty. Am Donnerstag ist Kneipentour. Danach wollen alle noch in den Club gehen. Ich habe uns beide für die Kneipentour angemeldet."

„Danke. Das ist nett von dir", entgegnete ich. „Am Mittwoch ist im Cambriaclub Studentenparty. Wollen wir dort auch hin?"

„Klar, gehen wir auch da hin. Vincenzo hat auch davon erzählt."

„Hast dich ja schon sehr gut mit dem Nachtleben auseinandergesetzt,", antwortete ich. Florian sagte nichts. Einen Augenblick später begann er:

„Ähm … Kannst du heute Abend alleine zur Kitchenparty gehen? Ich habe mit Fiona ausgemacht, dass wir gegen sieben telefonieren. Sie nörgelt rum, dass wir hier sind. Macht die ganze Zeit schon so eine Zucht. Ich will mit ihr reden, dass sie sich wieder einkriegt. Eventuell komm' ich später nach."

„Bekommen wir hin."

Ich packte meinen Rucksack auf die Seite und setzte mich an den Schreibtisch, klappte den Laptop auf und öffnete den Browser. Im Suchfenster gab ich Schlagworte zum Titel der Thesis ein. Schnell waren sieben, acht, neun Suchfenster offen, in denen ich das Thema recherchierte. Die einzelnen Suchergebnisse anklickend, überflog ich die Artikel. In kurzer Zeit hatte ich allerhand Zeitschriften- und Fachartikel sowie Statistiken zusammengesucht und abgelegt. Anstatt wie sonst die Unterlagen weiter zu sichten und durchzuarbeiten, um zügig eine Gliederung zu erstellen, die ich am darauffolgenden Tag wieder verwerfen würde, da sie mir mangels Imperfektion nicht gefallen würde, öffnete ich ein neues Browserfenster. Ich loggte mich bei Facebook ein und suchte dich dort. Ohne zu zögern, sandte ich dir eine Freundschaftsanfrage. Für mich war das ungewöhnlich. Kontakt- und Freundschaftsanfragen interessierten mich sonst nie. Zu viel Zeit verschwendete man damit; sich im Internet in den Portalen zu vernetzen, zu verabreden und zu schreiben. Die Zeit konnte man gehaltvoller nutzen, um zu lernen und sich selbst zu verbessern. Nicht selten belächelte ich die Studenten, die während der Vorlesungen und danach ständig in den Portalen hingen, um sich die Zeit zu vertreiben. Doch diesmal brach ich meine eigenen Regeln und fand dich bei Facebook. Die Chatapp öffnete sich. Sie zeigte mir, dass du meine Freundschaftsanfrage angenommen hattest und froh warst, dass wir uns vernetzt hatten. Hierauf fragte ich dich, ob du gut in dein Wohnheim gekommen warst, was du bejahtest. Zugleich ludest du mich ein, dich dort einmal zu besuchen, was in mir ein Gefühl von tiefer Wärme auslöste; und so nahm ich die Einladung an. Weiter schriebst du, dass du bereits mit der Recherche für deine Collage angefangen hättest. „Was machst du übermorgen Nachmittag?", fragtest du. In der Erwartung, dass du mich fragen würdest, ob wir uns treffen, um an deiner Collage zu arbeiten, antwortete ich zunächst: „Noch nichts geplant." Die Erwartung wurde erfüllt und wir verabredeten uns für Mittwochnachmittag in der Universität. Ein Rausch von Dopamin raste durch meinen Körper in der Aussicht, dich schon übermorgen wiederzusehen. Wir schrieben noch ein wenig hin und her, bis du sagtest, dass du jetzt weiterarbeiten müsstest. Mich störte das nicht. Ich war betrunken von den Glückshormonen, die durch mich durchströmten.

Kurz vor sieben begab ich mich zur Kitchenparty. Florian hatte für uns beide von der Tankstelle etwas Bier geholt. Das Gespräch mit Fiona würde sicher kein leichtes werden. Also versuchte ich, Florian zu bewegen, nach dem Telefonat mit in die Etagenküche zu kommen. Es würde ihm guttun, auf andere Gedanken zu kommen. Er reagierte nicht. Ich merkte ihm die Anspannung vor dem Telefonat an. Ich war der Erste in der Küche. Kurz nach mir folgten Benedikt und Vincenzo. Der Tisch, der in der Mitte des Raumes mit seinen vier Holzstühlen stand, wirkte alleingelassen und leer. Wir setzten uns um ihn und stießen an. Benedikt begann unverzüglich das Gespräch. Er wolle zu IKEA fahren, um sein Zimmer für die Zeit hier angemessen zu gestalten. Insbesondere benötige er einen Läufer für den Wohnraum und das Bad. Er fragte uns, ob wir ihn nicht begleiten wollten. Vincenzo willigte sofort ein, während ich zunächst zögerte. Schließlich stimmte auch ich zu. Es könnte nicht schaden, einmal bei IKEA zu stöbern. Mit Sicherheit ließe sich etwas Nützliches finden. Wann wir unseren Ausflug starten

wollten, war noch unklar. Benedikt äußerte, nach-
dem er einen kräftigen Schluck aus seiner Dose ge-
nommen hatte, dass er Donnerstagnachmittag be-
vorzugte. Aus unserer Sicht stand dem nichts entge-
gen.

Die Party in der Etagenküche unterschied sich wenig
von jener in der Woche zuvor. Analog zur letzten
Party strömten nach und nach die anderen Studen-
ten in die Küche. Wieder wurden Boxen auf der Kü-
chenzeile aufgestellt und ein Wirrwarr an Sprachen
schwang über dem Dröhnen der Musik. Ich war voller
Freude und Zuversicht. Ich fühlte mich so gut wie
lange nicht mehr. Alles erschien so leicht und greif-
bar. Ein unstillbares Sehnen und Verlangen, an dem
ich mich nährte. Was mich all die harte Arbeit der
letzten zwei Jahre im Studium und Praktikum, die
langen Nächte in der Bibliothek vergessen ließ. Was
mich atmen ließ. Was mir zeigte: Leben kann anders
sein.

Mittwochnachmittag. Voller Ungeduld stand ich im
Foyer der Universität und wartete auf dich. Es war
eine Woche vergangen, seitdem wir angekommen
waren. Für ein erstes Fazit war es wahrscheinlich zu
früh. Dennoch erkannte ich für mich: Die Zeit hier

nahm ich als Traum war. Nie zuvor hatte ich mich so wohl und leicht gefühlt. Selbst wenn ich die Vorlesungen hier wenig interessant fand und für langweilig wegen ihrer Inhalte hielt, kannte meine Neugierde, auf alles, was noch kommen sollte, keine Grenzen.

„Ahoj, Alexandrowitsch!", begrüßtest du mich. Schmunzelnd über den abgeänderten Namen, entgegnete ich: „Hi. Nette Begrüßung von dir."

„Wie war dein Tag heute? Hattest du viele Vorlesungen?"

„Heute zum Glück nur eine in der Früh. Habt ihr immer alle so früh Uni? Die letzten beiden Tage habe ich jeden Morgen immer so viele Studenten gesehen."

„Also ja. Das ist so, dass alle Studenten jeden Morgen ab sieben Uhr dreißig Vorlesungen haben. Erst in den höheren Semestern ändert sich das. Ist das bei euch anders?"

„Bei uns hat man jedes Semester sechs oder sieben Vorlesungen über die Woche verteilt. Manchmal fangen die Vorlesung dann erst am Nachmittag an und man kann sehr lange schlafen."

„Was! Das gibt es bei uns gar nicht. Du kannst dann viel feiern gehen?"

„Na ganz so einfach ist es auch nicht. Viel feiern kann man schon. Allerdings arbeiten viele Studenten neben der Universität oder sitzen nach den Vorlesungen lange in den Bibliotheken."

„Musst du auch neben der Universität arbeiten? Du feierst sicherlich viel. Sonst wärst du nicht hier."

Es war schwer für mich, ehrlich zu antworten. Ich schämte mich, dir zu erklären, dass ich nur selten auf Studentenpartys war. Stattdessen saß ich lieber bis tief in die Nacht im Lesesaal oder in meiner Ein-raumwohnung vor dem Laptop, um Fachartikel zu le-sen und den neuen Vorlesungsstoff nachzuarbeiten. Streberhaft war es, mein Studentenleben. Daran gab es keinen Zweifel. Das war mir bewusst. Aber ich ignorierte es. Das Bewusstmachen wäre ein Schuldeingeständnis an mich selbst gewesen. Ein Eingeständnis dessen, was ich nicht wahrhaben wollte; es würde mir zeigen, dass die Art und Weise, wie ich mein Leben führte, nicht richtig war. Ich grinste dich an, als ich erwiderte: „Die ein oder andere Party nehme ich mit. So viele Partys gibt es bei uns an der Universität nicht."

„Ich würde gerne einmal zu einer Studentenparty in Deutschland gehen."

„Das kannst du doch! Komm doch einfach mal nach Deutschland. Mach dort auch ein Auslandssemester. Es wird dir dort gefallen."

Nicht sicher, ob du meinen letzten Satz gehört hattest, und für mich völlig aus dem Zusammenhang gerissen, fragtest du: „Was trinkst du gerne?" Verblüfft sah ich dich an, als du mich weiter fragtest:

„Trinkst du gerne Kaffee?"

Ich bejahte. Und eh ich mich versah, nahmst du mich an der Hand und gingst mit mir in die Cafeteria. Du bestelltest zwei große Tassen Kaffee. Wir suchten uns einen Platz im hinteren Bereich der Cafeteria. Wir redeten eine Weile über das Studium in Deutschland: welche Fächer ich dort ausgewählt hatte, inwieweit es mir dort gefiel, was man in der Stadt, wo ich studierte, unternehmen könnte. Dir gefiel, was ich erzählte. Lächelnd sahst du mich an und folgtest gebannt meinen Worten. Es tat dir gut. Das merkte ich. Gerne antwortete ich dir auf jede Frage. Gerne hätte ich gewollt, dass deine Fragen nie enden würden.

„Wie spät ist es?"

„Es ist gleich sechs", gab ich zur Antwort.

„Was? Sechs? Alexandrowitsch. Ich muss schon gehen. Ich muss lernen für morgen."

„Was musst du lernen?"

„Grammatik in Italienisch."

„Im Wohnheim sind zwei Studenten aus Italien. Falls du Hilfe in Italienisch brauchst, kann ich sie für dich fragen, ob sie dir helfen?"

„Ich werde dir sagen, wenn ich weitere Hilfe brauche."

Mit einer Bewegung deiner rechten Hand signalisiertest du, dass du aufstehen wolltest. Gemeinsam verließen wir das Universitätsgebäude. Gerade als wir das Gebäude verlassen hatten, fiel mir ein:

„Jetzt haben wir uns gar nicht um deine Collage gekümmert."

„Also das ist nicht so schlimm. Ich werde versuchen, sie alleine anzufertigen."

„Wenn du Hilfe brauchst, lass es mich wissen. Ich bin für dich da."

„Ich weiß."

„Vielleicht dauert das Lernen heute Abend nicht zu lange. Wenn du danach Zeit hast, kannst du noch in den Cambriaclub kommen. Ich würde mich freuen."

„Ich werde sehen. Ich versuche es. Morgen Abend komme ich auf jeden Fall mit. Dann können wir zusammen tanzen." Ich feixte leicht. Mein Bus kam. Wir verabschiedeten uns.

Im Wohnheim war es auf den Fluren und in der Etagenküche ruhig. Im Zimmer erzählte ich Florian, dass Benedikt, Vincenzo und ich zu IKEA fahren wollten. „Wann wollt ihr fahren?", fragte er.

„Morgen Nachmittag. Benedikt gibt uns auf Facebook Bescheid."

„Ich komm' mit. Einen Kochtopf und Küchenutensilien können wir gut gebrauchen."

„Ein Läufer für die Dusche wäre auch nicht schlecht", fügte ich hinzu.

„Jo."

Florian wirkte auf mich reserviert und angespannt, sodass ich ihn nach seinem Befinden fragte. Er reagierte ausweichend und versuchte, vom Grund seines Zustandes abzulenken. Schnell war mir klar, dass es um Fiona gehen musste. So wie er es hin und wieder erzählte, stritten die beiden schon seit einiger Zeit. Den wahren Grund kannten die beiden wahrscheinlich selbst nicht mehr und schoben immer wieder Trivialitäten als Gründe zum Streiten vor. Er tat mir leid. Mir gegenüber bekräftigte er stets, dass er sie liebte. Sie zweifelte daran. Über die Wochenenden fuhr er häufig und oft zu ihr, um sie zu sehen und Zeit mit ihr zu verbringen. Anstatt sich darüber zu freuen und dankbar oder glücklich mit ihm zu sein, beschuldigte sie ihn der Untreue. Ihre Argumente und Vorwürfe konnte ich nicht nachvollziehen. Es stand mir nicht zu, darüber zu urteilen. Kannte ich einerseits doch bloß eine Seite der Medaille, und andererseits musste Florian damit zurechtkommen; auch wenn ich ihm gerne auf irgendeine Art und Weise geholfen hätte. Die Tür ging abrupt auf. H.L. drang in unser Zimmer ein. Unser Gespräch wurde unterbrochen.

„Hey Jungs. Wie sieht's aus heute Abend? Bereit, ein paar Bitches den Blitzkrieg zu zeigen?"

„Im Cambriaclub?", fragte Florian.

„Ja klar! Wir treffen uns bei Benedikt im Zimmer zum Vorglühen."

„Bei Benedikt? Nicht in der Küche?", fragte ich.

„Vincent, Simoné und die anderen machen heute ihr eigenes Ding. Spanier wohl e h e r Siesta als Party. Also sind wir unter uns.", antwortete H.L.

„Alkohol?", fragte Florian.

„Will zur Tanke rüber und was holen. Könnt mitkommen."

Florian zog seine Jacke an. Wir gingen zu dritt zur Tankstelle und holten für uns Cola, Bier und Rum. Das Zimmer von Benedikt war unaufgeräumt. Überall lagen Kabel auf dem Fußboden. Das Bett war nicht gemacht, sondern sah aus, als sei Benedikt erst vor Kurzem aufgestanden. Er saß am Laptop und tippte mit der rechten Hand auf der Tastatur, während e r gleichzeitig in der linken Hand ein Glas mit Rum-Cola hielt. Nach und nach kamen H.L. und die anderen deutschen Studenten, die im Wohnheim lebten. Schnell hatte ich meine paar Dosen Bier g e leert und wechselte auch zu Rum-Cola. Gegen dreiundzwanzig Uhr muss es gewesen sein, als wir das Wohnheim verließen, Taxis bestellten und in Richtung des Cambriaclubs fuhren.

Der Club befand sich in der Mitte der Plattenbausiedlung. Vor dem Club war eine brache Fläche. Inwieweit in früherer Zeit hier auch eine Plattenwohnung gestanden hatte, ließ sich nur spekulieren. Es war ruhig. Keine Musik aus dem Inneren der Diskothek war zu hören. Keine Menschen vor der Disko. Wir bezahlten den Eintritt und gingen rein. Wenige Personen waren im Inneren zu sehen. Das Personal an der Theke schien erfreut zu sein, dass überhaupt einige Gäste gekommen waren. Wir holten uns Bier und standen am Rand der Tanzfläche. Niemand tanzte. Es genierten sich alle, einen Fuß auf die Tanzfläche zu setzen. Jeder wollte seinen Stolz und seine Stärke nicht demaskieren. Man ist ja ein ganzer Mann! Derjenige, der alleine tanzt, blamiert sich und brüskiert die anderen. Apathisch nahm ich an der Diskussion in der Runde teil; lachte, wenn die anderen es taten, und gab im richtigen Moment einen bejahendes „Ach, was?" oder ein verwundertes „Nein, das gibt es nicht!" in die Runde. Wesentlicher Inhalt des Gespräches war H.L.s Enttäuschung darüber, dass keine heißen, hübschen Frauen für ihn anwesend waren. Die Art und Weise, wie er sie rumgekriegt hätte und so weiter. Wenig gehaltvoll, plump und urtümlich erschien mir der Diskurs. Ausschließlich die Fleischeslust im Sinn. Ähnlich einer steinzeitlichen Gesellschaft, in welcher sich die männlichen Primaten gegenüber ihren anderen Mitbewerbern mit Dominanz durch die Zahl der erjagten Ziele bewiesen.

Florian war nicht in dem Gesprächskreis. Er saß abseits der Tanzfläche und redete mit einer großen, dunkelhäutigen Person mit schwarz gekräuseltem Haar. Von der Seite aus beobachtete ich, wie sie unregelmäßig mit Shots anstießen. Anderthalb

Stunden, nachdem wir angekommen waren, füllte sich zu unserer aller Überraschung der Club. Die französischen Austauschstudenten aus dem Wohnheim strömten herein. Mit ihnen wurde nicht nur der Club voll. Mit ihnen kam gleichsam die Stimmung auf. H.L. witterte seine Chance. Lässig ging er auf die Tanzfläche, positionierte sich neben einer der Studentinnen und versuchte, ein Gespräch mit ihr zu beginnen. Es war nett anzusehen, wie seine Anmachversuche ignoriert oder abgewiesen wurden. Zwar versuchte er es immer wieder von Neuem; aber er scheiterte immer wieder. In der Zwischenzeit hatte ich mich auf eines der Sofas zurückgezogen. Ich nippte an meinem Bier und beobachtete das rege Treiben. Im Rückblick fühlte ich mich an diesem Abend seit langer Zeit sehr gut. Ein Zustand zwischen Aufgeregt sein über das, was noch kommen würde, und einem Zufriedensein, wie nach einer bestandenen Klausur.

Benedikt kam auf mich zu und fragte, wo Florian sei. Ich blickte mich um. Er war nirgends zu sehen. Ich begann, ihn zu suchen. Schließlich fand ich ihn auf den Toiletten. Aus einer der Toiletten hörte ich krude Geräusche. Florian erbrach sich. Ich rief ihn und fragte nach seinem Befinden. Die Antwort erhielt ich, indem er noch lautere und derbere Kotzgeräusche von sich gab. Ich schüttele den Kopf.

„Mann, was hast du denn gemacht?"

Keine Antwort.

„Wir wollen gehen. Komm, kotzt dich aus und dann raus."

„Gleich. Nur noch ein …", antwortete Florian, und wieder kam ein Strahl Erbrochenes aus seinem Mund. Benedikt stand plötzlich neben mir. Er lachte leise vor sich hin und kommentierte die Situation mit:

„Florian, du alter Kotzbrocken! War wohl zu viel für dich?"

„Halt die Fresse, Ben!", erwiderte Florian. Langsam hob er seinen Kopf aus dem Toilettenbecken und stand auf. Kurz nachdem er sich aufgerichtet hatte, brach er zusammen und fiel zu Boden.

„Mensch, Alter! Wie viel hast du denn gesoffen? Benedikt, hilf mir, ihn zu stützen. Wir bringen ihn raus."

„Florian, wo ist deine Marke für die Jacke?" Er griff in seine Hosentasche und holte die graue Marke heraus. Benedikt und ich stützten ihn rechts und links. Sein Kopf hing schlaff herunter.

„Was ist mit einem Taxi zum Wohnheim?", fragte ich

Benedikt.

„Die anderen sind draußen und haben eins gerufen."

„Sehr gut!"

Die Erschöpfung durch eine Trinkeskapade und das Erbrechen war Florian ins Gesicht geschrieben. Vor dem Ausgang holte ich seine Jacke. Wir zogen sie ihm an; nahmen ihn wieder in unsere Arme und trugen ihn die Treppenstufen hinunter. Kaum angekommen, löste sich Florian aus unseren Armen, hob den Kopf und lief von uns weg. Er rannte auf die Straße in Richtung einer Kreuzung und schrie laut in die Nacht hinein: „Ich will nicht nach Hause!" Die anderen vor dem Taxi warteten. Benedikt und ich schauten uns an und begannen zu lachen. So schnell wie wir angefangen hatten zu lachen, so schnell eilten wir ihm hinterher. Inzwischen hatte er sich in die Mitte der Kreuzung gelegt und brüllte noch lauter, dass er nicht ins Wohnheim wolle. Mir wurde angst und bange, wie ich ihn da liegen sah. Ich hoffte, dass jetzt kein Auto kommen würde und dass wir ihn sicher ins Wohnheim zurückbringen könnten. Zum Glück war kein Fahrzeug zu sehen. Zu viert standen wir um ihn und hörten seinem Gegröle zu. „Hey Florian", rief einer der anderen, „ist gut." Von einer auf die andere Sekunde beruhigte er sich und schwieg.

Wir packten ihn an seinen Gliedmaßen und trugen ihn ins Taxi. Florian und ich saßen auf der Rückbank. H.L. gab dem Taxifahrer das Zeichen zum Losfahren. Der Fahrer fragte H.L., wie wir den Abend verbracht hatten. Beide begannen ein Gespräch über unseren Abend. Florian war ruhig. Während der Fahrt wippte sein Kopf leicht nach links und rechts. Unerwarteterweise - es waren lediglich noch wenige Minuten bis zum Wohnheim - richtete er den Kopf auf und fing lautstark an, den Taxifahrer zu beschimpfen. „Wieso spricht der kein Deutsch?" Wütend setzte er fort: „Ist ihm wohl zu schwer!"

Der Fahrer ließ sich nicht aus der Ruhe bringen. Mit stoischer Gelassenheit fuhr er weiter, ohne auf die attackierenden Worte zu reagieren.

„Florian! Ist gut. Wir sind gleich da. Im Wohnheim kannst du so viel brüllen, wie du willst."

„Mach' ich. Aber erst, wenn der Typ da vorne hinter dem Lenkrad Deutsch spricht!"

„Du, der spricht Deutsch, wenn wir angekommen sind. Da verabschiedet er sich von uns allen auf Deutsch", beruhigte ich ihn. Die anderen im Taxi schwiegen oder lachten über die Situation in sich hinein.

„Das will ich hoffen für den."

Am Wohnheim angekommen, bezahlte H.L. das Taxi. Benedikt und ich trugen Florian aufs Zimmer.

„Eine gute Nacht, alter Kotzbrocken!", verabschiedete sich Benedikt.

Florian zog sich seine Sachen aus. Ich fragte ihn, ob er Hilfe brauchte. Er verneinte. In dem Augenblick, als er sich schlafen gelegen hatte, begann er zu würgen. Ich riss ihn mit Kraft aus dem Bett und schleppte ihn auf die Toilette. Das Spiel aus dem Cambriaclub wiederholte sich. Nach weiteren zehn Minuten war das Elend zu Ende. Ich nahm einen feuchten Waschlappen und wusch sein Gesicht damit ab. Danach legte ich ihn ins Bett und deckte ihn zu.

„Hier", ich zeigte auf seinen Nachttisch, „ist eine Flasche Wasser ohne Sprudel. Falls du in der Nacht durstig sein solltest." Er nickte zustimmend. „Tu mir einen Gefallen und kotz heute Abend nicht mehr."

„Danke, Alex", sagte er leise zu mir und schlief ein. Der Morgen danach. Gegen zehn wachte ich auf. Ich schaute nach Florian. Er schlief tief und fest. Ich duschte, zog mich an und aß eines von den Sandwiches, die wir zu Beginn der Woche gekauft hatten. Kaum fertig damit, konnte ich den Abend kaum erwarten, denn ich wusste: Du würdest heute Abend dabei sein. Verrate mir, wieso ich so süchtig nach dir war? Wieso meine Begierde so riesig war? Was für ein toller Mensch du bist! Ich setzte mich wieder ins Bett und startete den Laptop. Ich begann, im Internet energisch nach Unterlagen für die Thesis zu recherchieren. Jeder Artikel, ungleich wie inhaltsreich oder arm, wie lang oder schwierig geschrieben, schien es wert, gelesen zu werden und in das vorläufige Literaturverzeichnis aufgenommen zu werden. So entstand wie von Zauberhand eine erste Gliederung für die Thesis, ohne, dass ich sie wie sonst sofort verwarf. Zwischendurch schaute ich in die Liste der Outgoers für das Wintersemester. Unter meinem Namen war immer noch mit „NV" kenntlich gemacht, dass weder die Immatrikulationsbescheinigung noch die anderen Unterlagen eingegangen und versandt worden waren. Der Unmut hierüber riss mich aus meiner guten Laune heraus. Das E-Mail-Postfach durchsuchte ich nach einer Antwort vom Auslandsbüro. Nichts war zu sehen. Keine Antwort. Erzürnt und mit einer Dosis Angst, schrieb ich an das Büro, dass meine Unterlagen trotz mehrfacher Bitten und Rückmeldungen hier nicht angekommen seien. Ich bat darum, dass das Auslandsamt mich informieren solle, welche Unterlagen noch fehlten, um den

Vorgang abzuschließen. Düstere Gedanken kamen in mir auf: „Was würde passieren, wenn meine Unterlagen falsch einsortiert wurden? Was würde passieren, wenn die Unterlagen weggekommen waren? Was, wenn ich den Aufenthalt aufgrund dieses Fauxpas abbrechen musste?" Ich wollte nicht daran denken. Ich wollte nicht weg von dir. Dennoch pochten diese Fragen in meinem Kopf wie ein weitentfernter Hall. Michel musste mir helfen. Ich öffnete Facebook und fragte ihn, ob er nicht vor Ort mit den Sachbearbeitern reden könnte.

Kurz vor eins war aus Florians Bett ein Murren und Knurren zu vernehmen. Ich stand auf. „Was war los? Waren wir gestern im Cambriaclub?", fragte er.

„Ja, waren wir. Du hast zu tief ins Glas geschaut. Wir haben dich auf den Toiletten aufgelesen. Auf der Rückfahrt hast du den Taxifahrer noch angeschrien. Du warst auch der Ansicht, auf der Straße rumliegen zu müssen und alle Leute wachzubrüllen, wäre gut.

„Sonst war nichts."

„An die letzten Dinge kann ich mich nicht mehr erinnern", meinte Florian.

„Das glaube ich dir nur allzu gerne. Du warst sternhagelvoll. Mein lieber Herr Gesangsverein!"

„Das lag nicht an mir. Das lag an dem Barkeeper. Ich wollte zwei Shots holen. Die hätten zwei Euro gekostet. In meinem Portemonnaie hatte ich nur einen 50-Euro-Schein. Den konnte er nicht wechseln. Weil er nicht so viel Wechselgeld hatte. Darauf habe ich ihn gefragt, ab wie viel Euro er wechseln könne. Das war eine Trommel Shots für zehn Euro. Die habe ich dann genommen. Die waren für uns alle. Aber ihr wart weg", begann er seine Ausführungen.

„Wir standen am Rand der Tanzfläche."

„Alleine wollte ich das Zeug nicht trinken. In einer Ecke saß Emre. Dem habe ich die Trommel angeboten. Wir kamen ins Gespräch und haben die Trommel getrunken. Als sie leer war, hat er eine neue geholt", setze er seine Ausführungen fort.

„Und dann habt ihr um die Wette getrunken?"

„Ja. Haben wir."

„Und du hast den Kürzeren gezogen?"

„Kann man so nicht sagen", unterbrach er mich.

„Wir waren dann noch tanzen. Ey, der Emre. Wie der die Mädels angetanzt hat. Hat sich langsam hinter sie gestellt und sich herangepirscht. Dann die Hände vorsichtig erhoben und langsam um die Hüfte gefasst, bis er sie komplett umschlossen hatte. Und die Weiber haben das nicht mitgekriegt. Und es hat jedes

Mal von neuem geklappt."

„Guter Tipp. Sollten wir heute Abend auch berücksichtigen", erwiderte ich.

„Nee. Ich geh' heute nirgends hin."

„Heute ist Kneipentour. Natürlich kommst du da mit."

„Aber kein Alkohol."

„Wir sind bei einer Kneipentour. Nicht bei den Anonymen Alkoholikern."

„Feststeht: keine Trommel trinken heute Abend. Der Schnaps gestern hat so eklig geschmeckt. Bäh!"

„Dafür hast du allerdings gut was weggezogen."

„Ich geh erstmal duschen. Hast du schon was gegessen?"

„Nur eins von den Sandwiches."

„Wollen wir vor in die Mall, um etwas zu essen?"

„Können wir machen. Benedikt will gegen fünfzehn Uhr zu IKEA. Bis dahin sollten wir wieder zurück sein."

„Geht klar."

Florian stand auf und ging duschen. Wir aßen in der Mall zu Mittag. Es war ein angenehmer Herbsttag. Der Himmel blau und ohne Wolken. Die Sonnenstrahlen waren noch warm genug, um ein letztes Mal die Menschen, die sich nach Wärme sehnten, zum Schwitzen zu bringen. Kurz vor fünfzehn Uhr trafen wir uns vor dem Wohnheim mit Benedikt und Vincenzo. Benedikt kommentierte zynisch Florians Ausbruch von letzter Nacht. Vincenzo stand irritiert neben uns und wollte wissen, was letzte Nacht los gewesen war. Also schilderte Benedikt ausführlich, was passiert war. Leicht beschämt, hörte sich Florian die Geschichte an und konterte damit, dass er wenigstens richtig getrunken hatte, während wir uns mit ein, zwei Bierchen zufriedengegeben hätten. Das Taxi fuhr vor. Auf dem Weg zu IKEA fotografierten wir uns selbst. Mit jedem neuen Versuch verzogen wir die Gesichter schräger. Es war Spaß und Zeitvertreib zugleich. Bei IKEA angekommen wurden wir von der Vielzahl an Dekorationsideen r e g e l r e c h t überrollt. Viele Farben, viele Modelle von ein und derselben Sache, und doch unterschiedlich. Rasch gingen wir durch die Gänge und suchten die Dinge heraus, die wir wirklich brauchten und gingen zur Kasse. Wir fuhren zurück. Benedikt bemerkte auf der Rückfahrt lakonisch: „Ich wollte bloß zwei Sachen kaufen. Und jetzt habe ich eine halbe Einrichtung gekauft."

„Die IKEA-Falle", flüsterte Florian vor sich hin.

Nach der Rückkehr im Wohnheim brachten wir die eingekauften Sachen auf unsere Zimmer. Es war kurz nach 17 Uhr. Benedikt, Vincenzo, Florian und ich verabredeten uns kurz vor halb sieben vor dem Wohnheim. Wir duschten und machten uns fertig für den Abend. Mir war nicht bewusst wieso, da ich nie Wert daraufgelegt hatte, doch war es diesmal anders. Aus einem nicht bekannten Grund wollte ich heute Abend besonders gut aussehen. So gab ich mir mehr Mühe als sonst bei der Auswahl von T-Shirt und Hose. Bei der Wahl der passenden Schuhe. Ich überprüfte mehrmals mein Aussehen im Spiegel und fummelte mir im Haar herum, nur um am Ende die Frisur so zu lassen, wie sie war. Florian kommentierte meine Posen vor dem Spiegel mit einem sarkastischen: „Zu einem Schönheits-wettbewerb geht es nicht!" Ich ignorierte ihn und blickte noch einen Augenblick in den Spiegel, bevor ich mein Aussehen als ausgehfertig befand.

Die Kneipentour begann abends. Gegen 19 Uhr trafen wir uns am Asafri-Platz. Du sahst Florian und mich bereits von Weitem und hast uns zugewunken.

„Na ihr beiden? Freut ihr euch schon auf die Tour?"

„Florian freut sich schon sehr auf die Tour", antwortete ich. Fragend sahst du Florian an. Du brauchtest keine Worte. Dein Gesichtsausdruck forderte Florian auf zu antworten, was passiert war. Aber er fragte dich einfach: „Wie viel wirst du denn heute Abend trinken?" Und ich ergänzte, dass du mit Florian nachher n o c h den ein oder anderen Schnaps trinken könntest. Er entgegnete, dass er heute lieber Cuba Libre trinken wolle anstelle von hartem Alkohol; er würde sich die Shots für das Wochenende aufheben.

„Wo geht ihr am Wochenende hin? In welchen Club wollt ihr?", fragtest du uns. Und wieder meinte Florian einfach, dass du mit uns am Wochenende in den Club gehen solltest.

„Das ist leider nicht möglich. Dieses Wochenende bin ich bei meinen Eltern."

„Wie schade. Dann ein anderes Mal", bekundete ich meinen Unmut darüber."

Zu dir kam eine andere junge Studentin. Sie hatte leicht braune Haut, große, braune Augen und war so alt wie du. Ihre Haare waren zum Pferdeschwanz gebunden. Sie trug unter ihrer schwarzen

Lederjacke ein grünes Kleid und dazu ein Paar schicke schwarze High Heels. Du hast sie uns als Danica vorgestellt. Danica begann sofort das Gespräch mit Florian. Sie flirtete mit ihm. Wir beide unterhielten uns ein wenig über deinen Heimatort. Hierauf ludest du mich ein, dich einmal dort zu besuchen. Ich fühlte mich sehr geehrt von der Geste.

Kurze Zeit später bildeten sich mehrere Gruppen, die jeweils von zwei Buddys angeführt wurden. Florian und ich wurden getrennt. In einem unauffälligen Moment sprang Florian aus seiner Gruppe in meine. „Mit den Franzosen da drüben will ich nicht in die Kneipe gehen. Die trinken nur Wein." Ich lachte und meinte:

„Wenigstens trinken sie überhaupt etwas."

Die Gruppen brachen in unterschiedliche Richtungen auf. Unsere Gruppe ging entlang der Oper und bog hinter ihr in eine schmale Seitenstraße. Nach wenigen Schritten erreichten wir die erste Destination. Sie befand sich in einem schmalen Gebäude, das zwischen zwei Wohnblocks gequetscht war. Im Inneren streckte sich die Bar weit in die Tiefe. Für uns war am Eingang ein langer Tisch für zehn Personen reserviert. Wir bestellten. Schnell wurde an dem Tisch der Abend zuvor besprochen.

Insbesondere schilderte H.L. in aller Ausführlichkeit Florians Fauxpas. Florian ließ sich davon nicht beeindrucken und stellte seine Version des Abends dar. Zwischen den beiden entstand ein intensiver Diskurs, der durch Vito und die anderen zahlreich kommentiert wurde. Dem Gespräch und dem gegenseitigen Hochschaukeln der beiden zuzuhören, amüsierte die Gruppe sehr. Du saßest währenddessen an der Bar und unterhieltest dich mit dem Barkeeper. Es war schön, dich zu sehen und zu wissen, dass du da bist.

Circa eine dreiviertel Stunde verbrachten wir dort. Danach ging es weiter in die Altstadt. Erneut gingen wir in eine Bar, die in einem schmalen Gebäude war. Wieder bestellten wir. Wieder begann schnell die Diskussionen über dies und das. Wer mehr Alkohol vertragen würde. Wer die nächste Mutprobe am besten bestünde. Ich zog mich aus den Gesprächen zurück. Ich wusste nicht so recht, wie ich mich an den Gesprächen beteiligen sollte. Zudem war es mir auch egal, mit den anderen zu reden.

Nachdem alle ausgetrunken hatten, machte sich die Gruppe auf, weiterzuziehen. Du bliebst mit einem der Buddys in der Bar. Ihr gabt uns noch einige Tipps, wo wir hingehen sollten. Auf dem Weg zur nächsten Bar verteilte sich die Gruppe rasch. Ein Teil der Gruppe lief wieder zurück in Richtung der ersten Kneipe. Ein anderer Teil wollte sich mit einer der anderen Gruppen schon jetzt treffen. Der verbleibende Rest, in dem auch Florian und ich waren, stand unschlüssig in der Altstadt, und wir wussten nicht, ob wir in die nächste Kneipe oder zum Asafri-Platz gehen sollten. Es entbrannte eine hektische Diskussion darüber, die in belanglosen Themen endete. Sie waren nicht zielführend. Es störte mich. Anstatt diesem Treiben zu folgen, drehte ich um und ging in Richtung der letzten Kneipe. Ich wollte einfach in deiner Nähe sein. Ich kenne nicht den Grund für das, was ich tat. Es war eine untypische Handlung für mich. In der Bar angekommen, sah ich, dass du mit drei anderen Buddies an einem Tisch saßest. Verwundert saht ihr aus, als ihr mich gesehen hattet. Ich fragte, ob ich mich zu euch setzen dürfe, was ihr bejahtet. Du fragtest mich, wo die anderen geblieben wären. Hierauf erzählte ich, dass sich die Gruppe aufgelöst hatte. Enttäuscht und traurig nahmen es alle am Tisch wahr. Ihr hattet euch viel Mühe mit der Organisation des Events gegeben. Eure Ernüchterung darüber konnte ich gut verstehen. Eure Runde debattierte darüber. Argumente und Gründe wurden ausgetauscht und beleuchtet. Es gab Überlegungen, es beim nächsten Mal anders und besser zu organisieren. Dann wurde das Thema gewechselt, und ihr kamt wieder auf alltägliche Themen zurück. Nach einiger Zeit brachen wir zum Parlamentsplatz auf.

Dort trafen sich alle Gruppen. Zusammen liefen wir wieder zum Asafri-Platz. Der Bus, der uns zum Cambriaclub bringen sollte, war noch nicht da. Neben der Bushaltestelle stand ein Imbiss, der noch offen hatte. Florian holte sich einen Hot Dog und diskutierte weiter heftig mit H.L. und Benedikt. Worüber sie konkret redeten, d a r a n kann ich mich nicht mehr erinnern. Sie lachten dabei viel. Wahrscheinlich das übliche Gerede, wenn man abends betrunken ist. Der Bus kam. Wir stiegen ein. Der Bus war voll wie an den Morgen, an denen wir zur Universität fuhren. Dicht gedrängt standen wir im Bus. Die Fahrt zum Club war rasant. Die Fahrweise des Busfahrers ließ zu wünschen übrig. Abrupt fuhr er an, so dass alle Fahrgäste mit einem kräftigen Ruck nach hinten gestoßen wurden. Andererseits raste er auf die roten Ampeln zu, um dann schlagartig die Bremse zu betätigen, sodass alle Insassen nach vorne geschleudert wurden. Doch hiervon ließ sich niemand wirklich aus der Ruhe bringen.

Wir kamen vor dem Cambriaclub an. Im Vergleich zum Vortag strömte diesmal eine Myriade von Studenten in den Club. Schnell wurde nicht nur die Schlange vor den Theken immer länger; sondern es füllten sich auch die Sofas und die Tanzfläche. Wir beide standen an einer der Theken an und warteten darauf, bedient zu werden. Als wir endlich vor dem Barkeeper standen, fragte ich dich, was du trinken wolltest. „Eine Cola.“

„Nur eine Cola? Ohne irgendetwas gemischt?“

„Nur Cola.“ Du wirktest bedrückt.

Ich bestellte ein Bier und eine Cola für uns. Wir beide setzten uns auf eines der Sofas neben der Theke und stießen gemeinsam an.

„Wollen wir tanzen?“, fragte ich.

„Was ist los?“, fragte ich weiter.

„Es ist nichts. Ich bin ein wenig müde.“

Ich wusste, dass es nicht Müdigkeit war, di dich betrübte. Es war etwas anderes, über das du nicht reden wolltest. Oder es erschien dir unpassend, darüber mit einer fremden Person zu sprechen. Mit einer Ambivalenz aus Neugier und Respekt nahm ich dein Schweigen zur Kenntnis. Natürlich hätte ich deine Stimmung gerne besser verstanden. Nur allzu gern hätte ich dich weiter gelöchert, um zu verstehen, was dich bewegte. Gleichzeitig verbot mir mein Respekt, indiskret zu werden. Es wäre unhöflich, sich in etwas einzumischen, das einen nichts angeht. Also saß ich neben dir, nahm einen Schluck aus der Flasche und stellte sie zwischen meine Beine. Ich blickte mich um. Hinten in der Ecke sah ich Florian, wie er sich mit einer Studentin aus unserem Wohnheim unterhielt. Im Vergleich zum Vorabend hatte er dazugelernt. In der Hand hielt er eine Flasche Cola, aus der er gelegentlich schlürfte. Ich schmunzelte und hatte die Bilder vom Vorabend, als wir ihn gemeinsam hier rausgeschleppt hatten, vor Augen. Die Tanzfläche war voll. Alle tanzten und amüsierten sich. Am Rand der Tanzfläche stand Benedikt mit einigen französischen Studenten. Sie redeten. Sie lachten. Sie tranken.

Ich sah Danica auf dem Dancefloor. Sie tanzte für mein Verständnis sehr exzessiv und lasziv. Es dauerte nicht lange, bis sie einen der Studenten mit ihren Künsten angelockt hatte. Sie unterhielten sich einen Moment. Nur einen Augenblick später umschlangen sich beide eng und küssten sich wild auf der Tanzfläche. „So muss es wohl hier sein", ging es mit durch den Kopf. Als Austauschstudent war man ein Fremder. Das wirkte auf die Studenten hier exotisch und anziehend. Doch was sollte man damit machen? Sich der eben beschriebenen Situation, dem Leichten hingeben? So reizvoll es erschien, so sehr beschämte es mich. Es widerte mich an. Dieser Weg war zu einfach. Schnell driftete man in die Frivolität ab und war ein Hedonist erster Klasse. Diesen Lebensstil lehnte ich ab, war er doch mit meinem Weltbild nicht vereinbar. Tugendhaft wollte ich sein, um als Forscher und Entdecker durch die Welt zu gehen. Diese Zeit hier bestmöglich nutzen, um die Vielfalt dieser Stadt und der Menschen zu begreifen. Und dennoch kannte ich zu diesem Zeitpunkt ausschließlich Extreme und begriff nicht, dass es zwischen frivolem Hedonismus und tugendhafter Forschung so etwas wie einen Mittelweg gab. Einen Weg, bei dem eine gewisse Leichtigkeit vorteilhaft und nützlich war, um dem Forscher bei seinen Entdeckungen zu helfen.

So war ich nicht anders und besser als diejenigen, die zu Hause jede Woche zu Studentenpartys gegangen und am Ende des Semesters von der Fülle an Lernstoff überwältigt waren. Nur schwer verstand ich, dass ich nicht anders war. Ich war das andere Extrem.

Du hattest in deiner weißen Handtasche herumge-
wühlt. „Was suchst du?", fragte ich dich.

„Nichts. Der letzte Bus kommt gleich. Ich muss jetzt
gehen."

„Du willst schon gehen? Der Abend hat doch gerade
erst begonnen", erwiderte ich überrascht.

„Nein. Ich muss jetzt wirklich gehen. Ich weiß sonst
nicht, wie ich ins Wohnheim zurückkomme."

„Das verstehe ich. Das ist schade. Ich hätte ge-
dacht, dass du länger bleiben wirst."

„Alexandrowitsch. Es gibt noch viele Partys, wo wir
zusammen feiern können."

„Stimmt. Du hast recht. Dann begleite ich dich we-
nigstens noch bis zum Ausgang. Das verlangt die
Pflicht!"

Wir standen auf und gingen zum Ausgang. Kurz da-
vor trafen wir Florian.

„Ihr wollt schon gehen?"

„Sie geht. Sonst fährt kein Bus mehr", sagte ich.

„Du kannst doch noch bleiben. Alex trägt dich nach
Hause."

Wir lachten. Und ja, ich hätte es gemacht und dich
ins Wohnheim gebracht selbst, wenn es die ganze
Nacht gedauert hätte. Für dich hätte ich es getan.

„Du kannst auch in meinem Bett schlafen und ich

schlafe bei euch im Zimmer", kontertest du Florians Aussage, worauf Florian sagte: „Nur wenn wir noch einen Schnaps zusammen trinken."

„Ich dachte, du trinkst heute keinen Alkohol, Florian", meintest du.

„Da würde ich eine Aus … Ich muss weg!" Er drehte sich um, um einen Schluck aus seiner Cola zu nippen, und ging.

Am Ausgang verabschiedeten wir uns mit einer Umarmung. „Danke, Alex", sagtest du und gingst. Wieder bei Florian redete ich kurz mit ihm über den Abend. Florian amüsierte sich über die französischen Studenten und kommentiere auf süffisante Art ihre Bewegungen auf der Tanzfläche.

„Ich hol' mir noch etwas Neues. Willst du auch noch etwas?"

„Bringst du mir eine Cola mit?"

„Klar."

Bevor ich für uns beide etwas holte, machte ich einen Zwischenstopp auf der Toilette. Während ich meine Notdurft verrichtete, hörte ich aus den Kabinen hinter mir lautes und heftiges Gestöhne. Den Kopf schüttelnd und zugleich schmunzelnd, beendete ich mein Geschäft und lauschte dem Treiben hinter mir. Als ich mir die Hände wusch, ging die

Kabinentür hinter mir auf. Im Spiegel über dem Waschbecken sah ich Danica und H.L. aus der Kabine herauskommen. Erschrocken blickten mich die beiden an. Sie wandten ihre Blicke zum Boden, um nicht erkannt zu werden. Dennoch wirkten beide sehr zufrieden, dass sie sich den Kick gegeben hatten, um es auf der Herrentoilette miteinander zu treiben. Erst später erfuhr ich, dass Danica an diesem Abend noch von zwei anderen Austauschstudenten auf der Herrentoilette gefickt worden war. Es war unfassbar, wie billig sich Danica den Studenten hingab. Warum prostituierte sie sich so? Es fiel mir schwer, die Gründe für ihr Verhalten nachzuvollziehen und zu verstehen, was ihr das gab. Als eklig und widerlich empfand ich das wahrgenommene Bild. Vielleicht gab ihr das den Kick, den sie brauchte. Und für die Männer war es unzweifelhaft eine Erfahrung, die sie gerne am Stammtisch erzählten, um damit ihre Stärke und Vitalität zu unterstreichen.

Abschnitt 3

In den kommenden Wochen lebten wir uns langsam in unser neues Leben hier ein. Neben den Vorlesungen verbrachte ich die Zeit mit Recherchearbeiten zu meiner Thesis in der Bibliothek. Die Bibliothekare wirkten jedes Mal frappiert, wenn ich nach einem Buch oder einer Studie suchte. Ich erklärte ihnen dann den Zweck meiner Suche. Manchmal konnten sie mir nicht weiterhelfen und drehten sich einfach um. Manchmal half mir einer der Studenten in der Bibliothek und übersetzte für mich. Die Bibliothekare waren dann sehr hilfsbereit und suchten alles heraus, was sie zu meiner Anfrage finden konnten. Ich kam gut voran mit den Recherchen und dem Schreiben der ersten Seiten. Nach langem Hin und Her mit dem Auslandsamt der Universität bezüglich des Verbleibs meiner Unterlagen bekannte das Amt seinen Fehler, die Unterlagen auf dem falschen Stapel eingeordnet zu haben. Erleichtert nahm ich die E-Mail von Frau Majerská zur Kenntnis, dass alle Unterlagen bei ihr eingegangen seien. Ich atmete auf, hatte ich doch schon das Schlimmste befürchtet.

Wir beide trafen uns in dieser Zeit am späten Nachmittag und gingen am Fluss spazieren. Bei unseren gemeinsamen Spaziergängen wolltest du, dass ich dir alles über Deutschland erzähle, was ich wusste. Bei den ersten Spaziergängen gingen mir schnell die Themen aus. In der Folge überlegte ich also, was ich dir erzählen könnte, um deinen Wissensdurst zu stillen. Du fühltest dich sehr wohl. Ab und an setzten wir uns an den Fluss. In ihm spiegelte sich das langsam verblassende Sonnenlicht. Er war golden mit den gelben und orangefarbenen Blättern, die im Wind tänzelten. Der Herbst war gekommen.

Die Sympathie, die ich dir gegenüber zu Beginn meines Aufenthaltes verspürt hatte, wurde stärker und stärker. Bei unseren Gesprächen lachtest du viel und warst stets lebensfroh, worüber ich positiv überrascht war; hatte ich doch so etwas vorher nicht gekannt. Nun glaubte ich, bis zum Abend im Cambriaclub, dass es vielleicht bloß eine Schwärmerei; ein leichter Windstoß in meinem Herzen war. Aber ich hatte mich in dich verliebt. Es verging kaum ein Moment, in dem ich nicht an dich denken musste, dich vor meinem geistigen Auge sah, sah, wie du mich anlachtest und ich dich gerne nah bei mir gehabt hätte. Dich in meinem Arm zu halten würde … Es war nicht so wie früher, wenn ich kurz etwas gefühlt hatte, aber die Gefühle blitzschnell wieder weg waren. Nein! Es war anders! Ich merkte es in mir! Ich merkte, dass ich dich bei mir haben und mit dir Zeit verbringen wollte! Ich weinte innerlich. Meine Tränen waren groß und schwer. Zerplatzten sie auf meiner Seele, so schmerzte es. Es schmerzte, da ich ein Vollidiot war! Ein Vollidiot, da unter meinen Tränen ein Schweigen herrschte. Ein Schweigen, das so klang, als hätte man sich nichts zu sagen und wolle nichts sagen, aber in mir schrie es „Sag was! Mach was!"

Nach den Vorlesungen kehrte Florian meistens ins Wohnheim zurück und arbeitete von dort aus. Fiona und er hatten sich getrennt. Nach dem Abend der Kneipentour telefonierten die beiden an mehreren Abenden hintereinander sehr lange miteinander. Ihre Gespräche waren sehr intensiv. Nicht selten hörte ich Fionas Stimme, wie sie lautstark Florian beschimpfte. Florian schluckte die Brocken hinunter und versuchte, sie zu beruhigen. Doch es half alles nichts. Für beide bedauerte ich es sehr. Insbesondere für Florian, der von Fiona immer geschwärmt hatte. Er war sichtlich angeschlagen. Nach den Telefonaten und der Trennung suchte ich das

Gespräch mit ihm. Er wollte nicht reden. Stattdessen fraß er den Frust und die Wut in sich hinein. „Lass gut sein. Ich schätze das, Alex. Ich hätte das kommen sehen müssen", sagte er zu mir. Er kompensierte seine Enttäuschung darüber, indem er mit Danica anbandelte. Auf den Kitchenpartys und in den Diskotheken sah ich die beiden immer häufiger zusammen. Zwar freute ich mich für ihn, dass er sich ablenkte, doch sah ich in Danica eine Gefahr. Es blieb nicht lange geheim, dass Danica einen Studenten nach dem anderen verführte. Wie damals im Cambriaclub widerte mich ihre Art an. Doch ich sagte nichts zu Florian. Ich ließ ihn machen.

Florian berichtete mir, dass er abends in das Fantastic gehen wollte. Das Fantastic sei einer der bekanntesten Studentenclubs. Er liege irgendwo im Westen der Stadt, antwortete mir Florian, als ich fragte, wo der Club sei. „Mit dem Bus kommen wir da nicht hin. Wir nehmen uns wieder ein Taxi", ergänzte er.

„Wenn du den Taxifahrer nicht gleich wieder anbrüllst, weil er kein Deutsch spricht, schaffen wir es sicherlich ohne Weiteres hin und her,", erwiderte ich mit einem ironischen Unterton. Florian schmunzelte kurz und schaute daraufhin wieder auf seinen

Laptop. Ich setze mich an den Schreibtisch, öffnete den Laptop und las einen Artikel. Unerwartet ging die Tür auf. Ich war überrascht und hatte nicht mit dir gerechnet. Du warst mit deiner Freundin Ludka da. Ludka setzte sich auf mein Bett und inspizierte mit ihren Blicken das Zimmer. Sie wirkte überrascht und war fasziniert von der Größe unseres Zimmers. Es fiel Ludka schwer zu glauben, dass wir uns dieses Zimmer zu zweit teilten. Sie erklärte uns, dass sich in den anderen Wohnheimen bis zu vier Studenten ein Zimmer von dieser Größe teilten. Im Vergleich zu anderen Wohnheimen würden Florian und ich in einem der besseren leben, ergänzte sie, nachdem sie nochmals mit einem umfassenden Blick das Zimmer gemustert hatte. Wir selbst waren zwar nicht zufrieden mit der Wohnsituation, dass wir jeden Tag so eng aufeinandersaßen, aber waren dennoch froh, dass wir das Zimmer nicht mit einem Fremden teilen mussten.

Du lächeltest mich die ganze Zeit an. „Kannst du mir bei etwas helfen, Alex?" fragtest du mich.

War da nicht ein Funkeln in deinen Augen zu erkennen? Ich bejahte und eh ich mich versah, holtest du deinen Laptop aus der Tasche, öffnetest ihn und zeigtest mir einen deutschen Text. Es war die

Hausaufgabe für den Deutschkurs. Ich sollte ihn lesen und verbessern. Deine Augen verfolgten den Cursor auf dem Bildschirm, den ich an verschiedene Stellen des Textes setze, um kleinere Änderungen an deinen Formulierungen vorzunehmen. Du berührtest dabei sanft meinen Unterarm. Deine Hand auf meiner Haut. Ich vernahm den leichten Druck deiner Hand. Ich blickte auf deine Hand, hielt inne und sah dann in dein Gesicht. Du sahst mich an. Für einen Augenblick stand die Welt still. Es gab in diesem Moment nichts außer uns beide. Ein wunderbarer, intimer Moment.

Aus meiner Fantasie gerissen, lächeltest du mich weiter an. Dein Blick verwies mich auf Ludka. Sie war auf meinem Bett eingeschlafen. Wir ließen sie schlafen, während wir uns für einen Moment in die Augen blickten. Just rief mich meine Vernunft wieder zurück und unterbrach dieses Vergnügen. Ich drehte mich zum Rechner und korrigierte die Hausaufgabe zu Ende. Gemeinsam erschreckten wir Ludka. Wir schüttelten sie wach. Perplex und benommen von ihrem Kurzschlaf, wusste sie nicht, wo sie war, bis sie dich sah. Du sagtest ihr, dass sie eingeschlafen sei. Ihr war es peinlich. Sie entschuldigte sich bei mir. Ich nahm ihre Entschuldigung mit einem Lächeln an und war verzückt über ihre Verlegenheit, die mich nicht weiter störte. Nachdem ihr beide fortgegangen wart, rannten meine Gedanken wild umher. Doch ein Gedanke war klar greifbar, und der manifestierte sich in mir noch tiefer: „Wie gerne möchte ich dieses Lächeln jeden Tag sehen. Wie gerne jeden Tag mit dir verbringen. Wie gerne dich berühren, streicheln, dich in meinem Arm halten … Oh! Wie stark ist mein Verlangen!"

Es fühlte sich so komisch an. Ein unbekanntes Gefühl, bei dem ich aber bereits eine Vermutung hatte, was es sein konnte. Doch war ich mir nicht klar, ob es tatsächlich wahr sein würde. Ein Umgang mit dieser Art von Emotion war mir fremd. Einerseits spürte ich, dass sich mein Geist nicht auf dieses Gefühl einlassen wollte. Auf verpönende Art und Weise stieß er Sequenzen von Bedenken dagegen aus und wehrte sich mit aller Kraft. Er hieß es nicht gut, dass ich mich von dem geradlinigen Weg, bei welchem der Weg das Ziel war, abbringen lassen könnte, wusste er doch, dass auf Selbstdisziplin und Strenge die Erfolge der letzten Jahre resultierten und dass nur durch das permanente Optimieren des Selbst die Entwicklung der Persönlichkeit möglich war und ist. Sklavisch hielt er mir dieses Credo vor.

An sich war nichts dagegen einzuwenden. Ich bejahte diese Parole, hatte sie mich doch dahin gebracht, wo ich hinwollte. Andererseits wollte ich dieses neue Unbekannte entdecken und herausfinden, was und wie es ist. Ich fühlte mich wie ein Verirrter in einer fernen Wüste. Befriedigung des Verlangens nach diesem Gefühl, nach dir und nur nach dir , konnte ich ausschließlich an einer am Horizont erscheinenden Oase finden. Und gleichzeitig war es mein Geist, der sich auf einen Austritt aus der ihm bekannten Komfortzone nicht einlassen wollte. So sehr mich dieses Hin und Her der Gedanken und Gefühle begann zu zerreißen, so sehr führte es sie zusammen und vereinigte sie zu einem Möbiusband: Rausch und Nüchternheit in einem. Und ich wollte immer mehr von diesem Neuen.

Am Abend, als wir ins Fantastic wollten, chatteten wir miteinander. Währenddessen kam Florian ins Zimmer. Er hatte für uns etwas zum Vorglühen geholt. Neben Bier und Biermischgetränken stand auch eine Flasche und Rum und Cola auf dem Tisch. Ungefragt stellte er mir einen Cuba Libre auf den Platz.

„Hier, trink! Prost! Auf die Frauen!", befahl er mir und begann zu trinken. Nachdem er einen kräftigen

Schluck aus seinem Glas genommen hatte, setze er fort: „Mit wem schreibst du?"

„Mit …", fing ich an.

„Ich seh' schon. Danica hat mir erzählt, dass ihr zwei viel zusammen unternehmt."

„Und was hat sie dir noch erzählt?"

„Mehr nicht." Wieder nahm einen kräftigen Schluck und leerte sein Glas.

„Schlecht wird der Rum hier nicht. Willst du auch noch einen, Alex?" Just schenkte er sich ein kräftiges Maß Rum ins Glas und füllte den Rest mit Cola auf. Versteinert blickte ich in das Glas.

„Alex! Aufwachen! Komm, mach für heute Schluss und trink den Cuba. Wir gehen hoch zu Benedikt zum Trinken."

Ich wachte aus meiner Trance auf: „Du hast recht." Ich beendete den Chat für heute mit dir. Du hast uns viel Spaß gewünscht, und ich zog mich für den Abend an.

Wir warteten vor dem Wohnheim auf die Taxis. Es war eine sternenklare Nacht. Die Stimmung war gelassen und freudig. Nach und nach, allerdings in unregelmäßigen Abständen, rollten die Taxis vor das Wohnheim. Ich stand neben Vincent und Simone, als eines der Taxis kam. Florian stand bei den

Spanierinnen und versuchte, sie weiterhin zu beeindrucken. Ohne weiter darüber nachzudenken, setzten wir uns in das Taxi. Vincent und Simone saßen neben mir auf der Rückbank. Benedikt setzte sich auf den Beifahrersitz. Er gab dem Taxifahrer die Anweisung, zum Fantastic zu fahren. Er fuhr los. Schnell beschleunigte er, und wir ließen das Wohnheim und die Wartenden hinter uns. Obgleich wir alle angeheitert und ausgelassen waren, redete keiner im Taxi. Aus dem Radio dudelte elektronische Popmusik, die vom Brummen des Motors übertönt wurde. Anstatt der sonst üblichen Route an der Altstadt entlang, nahmen wir die Stadtautobahn. Zuerst über die Brücke, die vom Balkon aus zu sehen war hinüber in die neue Stadt. So nannten wir inzwischen den Stadtteil, wo die Universität war. Kein Fahrzeug auf unserer Spur oder auf der Gegenspur war zu sehen, was den Taxifahrer dazu bewegte, die Geschwindigkeitsregelungen außen vor zu lassen.

Zügig beschleunigte er das Fahrzeug. Die Fahrstreifen, Laternen und Gebäude links und rechts von uns verschwammen zu fadenartigen Würmern, die an uns vorbeizogen. Das Taxi hielt an einer Buswendeschleife. Der Taxifahrer zeigte mit seiner Hand durch die Frontscheibe auf einen Weg, der zum Club führte. Wir bezahlten und gingen zum Eingang vom Fantastic. Vor ihm warteten bereits Benedikt und H.L. Die anderen gingen rein, während ich mich neben Benedikt stellte. Wir redeten nicht viel. Eher beobachteten wir die Leute, die in den Club reingingen oder ihn verließen. Nach etwa zehn Minuten kam Florian. Anstelle der spanischen Studentinnen, die er sonst immer umwarb, kam er mit drei anderen Mädels. Spottend sagte ich zu ihm:

„Deine Spanierinnen machen jetzt wohl Siesta?" Er grinste mich an und stellte uns Justina, Indre und Ekaterina vor. Zusammen gingen wir rein. An der Garderobe flüsterte er mir ins Ohr: „Halt mir die Ekaterina vom Leib. Die will sich schon den ganzen Abend mit mir unterhalten. Mann, labert die einen Käse."

„Lass sie doch reden. Ihr findet bestimmt noch eine Gemeinsamkeit, über die ihr reden könnt", sagte ich mit einem Augenzwinkern zu ihm. An der Bar bestellte ich für uns drei Bier. Während ich auf das Bier wartete, beobachteten wir die tanzende Menge. Die Spanier hatten einen großen Kreis mit ausschließlich ihresgleichen gebildet. Auch wenn einer von den anderen Studenten oder von uns versuchte, sich in ihren Kreis einzureihen, sie anzutanzen oder zu lösen, es gelang ihm nicht. Entweder wurde er ignoriert oder mit einer gezielten Tanzbewegung aus der Gruppe exkludiert. Es wunderte mich sehr, dass sie keinen Fremden an sich ranließen und unter sich bleiben wollten. Derweil hatten sich Vincent, Simone und H.L. mit einigen anderen auf der Tanzfläche positioniert. Sie tanzten nicht. Sie lagen auf der Lauer und suchten nach hübschen Studentinnen, die sie betören konnten. Der ein oder andere Blick suchte vergeblich ein Ziel. Und ein weiterer Blick verlor sich erst im nahen Dunkel der Tanzfläche, bevor er sich wiederfand in ihren mit Rum-Cola gefüllten Bechern. Ekaterina unterhielt sich derweil mit Florian weiter. Er ließ sich nicht anmerken, dass er kein Interesse an einem Gespräch mit ihr hatte.

Läuft zwischen den beiden etwas?", fragte mich Benedikt.

„Keine Ahnung. Ich glaube eher nicht", antwortete ich.

„Er macht aber nicht gerade den Eindruck, dass er ihr nicht abgeneigt ist."

„Tja. Das musst du ihn schon selbst fragen. Lieber würde er sicherlich mit uns hier stehen und trinken."

Um Florians missliche Lage zu verbessern wandte ich mich zu den beiden.

„Ey, Florian! Du hast mir noch gar nicht gesagt, wo sie überhaupt herkommt."

„Frag sie doch am besten selbst!"

„Hey, Ekaterina. Wo kommst du eigentlich her?", fragte ich sie.

„Aus Moskau."

„Aus Moskau!", stieß ich verwundert aus. „Das ist interessant. Erzähl mir von Moskau. Ich bin noch nie dort gewesen. Erzähl mir, was es dort zu sehen gibt."

Sie begann, mir alles über Moskau zu erzählen, was ich wissen wollte. Mit Engelsgeduld hörte ich ihr zu und nickte zustimmend. Man sah Florians Gesicht indes eine zunehmende Erleichterung an. Er drehte sich um und winkte Benedikt zu uns, sodass sich der Gesprächskreis vergrößerte. Während Florian und Benedikt sich unterhielten, setzte ich die Unterhaltung mit Ekaterina fort. Schon bald war mein Bier leer. Ich sagte ihr, dass ich mir etwas zu trinken hole, und ich fragte sie, ob sie auch etwas haben möchte. „Ja, natürlich", sagte sie. „Kommst du mit zu Bar und hilfst mir tragen?", fragte ich sie. An der Bar bestellte ich für sie einen Cuba Libre und für mich Bier. Als sie ihren Drink bezahlen wollte, signalisierte ich mit einer Handbewegung, dass sie ihr Portemonnaie einstecken solle. Ich zahlte für uns. Wir stießen an. Ekaterina war verblüfft von unserer Zuvorkommenheit. Sie kannte es nicht. „Ihr seid tolle Kerle!", sagte sie zu mir. Verlegen antwortete ich ihr, dass sie sowas nicht sagen sollte, kenne sie uns beide doch gar nicht wirklich.

„Woher kennst du Florian?", fragte sie weiter.

„Aus dem Studium. Wir studieren denselben Master-Studiengang."

Bevor sie anfing, mich wegen Florian weiter auszufragen, kam ich ihr zuvor und fragte, ob wir nicht alle tanzen wollten. Sie bejahte. Wir beide gingen zu Florian und Benedikt und fragten auch sie, ob sie tanzen wollten. „Geht schon mal vor. Wir kommen gleich nach", antwortete Florian. Ekaterinas freudige Erwartung, mit ihm zu tanzen, fand hierdurch ein jähes Ende. Wir suchten uns einen Platz in der Mitte des Dancefloors. Ekaterina gab sich noch nicht geschlagen. Hatte ihre Flirterei bei Florian nicht gefruchtet, versuchte sie es nun bei mir. Sie stierte mir in die Augen und kam langsam auf mich zu. Ihre Arme erhoben sich schulterhoch, um mich zu umarmen. Ich ließ es geschehen und öffnete ebenso meine Arme, um sie auf Höhe ihrer Hüften zu umschlingen. Wir umarmten uns. Unsere Köpfe lagen auf der Schulter des anderen. Die Augen geschlossen walzten wir langsam um unsere eigene Achse. Aus den Boxen sang eine Stimme „Welcome to …" Die Massen um uns herum tobten. Doch wir zwei schwangen sanft über die Tanzfläche. Sie hob langsam und leicht ihren Kopf. Unsere Lippen berührten sich. Wir küssten uns. Von ihren Küssen ging eine energische Intensität aus. Sie drückte ihren Körper kraftvoll gegen meinen. Die Wirkung ihrer Küsse wurde von Mal zu Mal größer. Was sie damit bezwecken wollte, erschloss sich mir nicht. Mir wurde unheimlich. Schließlich löste ich mich. Ich sagte, ich müsste auf die Toilette und werde gleich wiederkommen. Sie verstand. Ich verschwand auf die Toilette. Als ich zurückkam, suchte ich die Tanzfläche ab, um nicht von Ekaterina entdeckt zu werden. Sie unterhielt sich mit Vincent. Gegenüber der Bar sah ich Justina und Indre tanzen. Ich ging zu den beiden. Sie freuten sich, dass ich bei ihnen war. Nach ein wenig Small Talk tanzten wir zu dritt. Eigentlich wollte ich mich bei ihnen vor Ekaterina verstecken. Der Versuch misslang. Ekaterina entdeckte mich und stand plötzlich neben mir. Ich schob mich langsam zwischen Indre und Justina, um ihren Fängen zu entgehen. Ihre Blicke durchbohrten mich und verrieten, dass sie dort weitermachen wollte, wo wir aufgehört hatten. Allerdings traute sie sich nicht, sich zwischen die Mädels und mich zu stellen. Ihr Blick, getaucht in Enttäuschung, verfinsterte sich; während ich aufatmete. Florian und Benedikt drängten sich durch die Menge zu uns durch.

„Na? Hast du dich gut amüsiert?", fragte mich Florian zynisch.

„Ich weiß, was du meinst. Die kann einen ordentlich nerven."

„Ich weiß nicht, was du meinst. Hast dich ja ganz gut mit ihr amüsiert."

„Du hast leicht reden! Ich habe sie dir vom Leib gehalten und …"

„Und du hast das sehr gut gemacht, Alex", sagte er, während er mir gleichzeitig auf die Schulter klopfte. Florian lachte. Wir tanzten in unserer Runde bis etwa drei Uhr morgens. Ekaterina warf uns beiden gelegentlich laszive Blicke zu, wenn sie an ihrem Cocktail schlürfte. Aber sie traute sich uns in Anwesenheit von Justina und Indre nicht näher zu kommen. Erleichtert darüber genossen wir den restlichen Abend. Nach Verlassen des Clubs suchten wir an der Wendeschleife ein Taxi, das uns zurück zum Wohnheim bringen könnte. Die anderen Austauschstudenten und wir standen in Gruppen über die Schleife verteilt. Man redete über den Abend, über Diverses, über nichts von Belang. In den Blicken der Taxifahrer in und vor den Taxis spiegelte sich ein Spektrum aus Langeweile, Müdigkeit und Apathie wider. Justina, Indre, Florian und ich nahmen das nächste Taxi, das wir sahen, und stiegen ein. „Wo ist Ekaterina?", fragte ich Florian. Florian drehte seinen Kopf nach hinten und wies damit auf die Gruppe von Vincent und Simone.

„Da hinten ist sie. Hat neue Freunde gefunden!" Sie stand in der Mitte dieser Gruppe und rannte von Student zu Student. Es hatte den Anschein, sie wolle mit ihnen reden und interagieren, wohingegen die Gruppe kein Interesse daran hatte. Sie war betrunken. Sie tat mir in diesem Moment leid. „Los, Alex! Rein ins Taxi! Oder willst du noch ewig dahinschauen?", keifte er mich an.

„Hast ja Recht."

Florian gab dem Taxifahrer das Zeichen, zum Wohnheim zu fahren.

Kurz nach der Fahrt lächelte mir Justina zu: „Vermisst du deine Freundin von heute Nacht?"

„Sie ist nicht meine Freundin!", erwiderte ich.

„Komm schon, Alex. Ich habe dich mit ihr rummachen sehen. Ich habe gesehen, dass es dir gefallen hat."

Frappiert und verlegen, versuchte ich mich rauszu-reden, indem ich ihr sagte, dass sie auf mich zuge-kommen sei und ich nicht anders gekonnt hätte. Jus-tina durchblickte meine Ausreden und fing noch kräf-tiger an zu lachen: „Nein, Mann. Willst du mich ver-arschen?" Worauf Florian hinzufügte: „Alex. Sie hat Recht. Ihr habt ganz schön derbe rumgemacht."

„Na schönen Dank. Ich hab' sie dir extra vom Hals gehalten."

„Tja. Pech gehabt. Du hast es doch genossen."

„Über was redet ihr da, Jungs?", unterbrach uns Jus-tina.

Ich begann: „Wir redeten über …"

„Ich habe zu Alex gesagt, dass er sich wieder wie ein Tiger benommen hat. In Deutschland macht er auch mit jeder rum", fiel mir Florian ins Wort. Justina und Indre lachten herrlich darüber.

„Wie ein Tiger?", fiel Justina hierzu ein. Ich schüttelte den Kopf; sagte nichts dazu. Wir hielten vor dem Wohnheim. Wir verabschiedeten uns von den bei-den.

Ich wachte auf. Mit Mühe öffnete ich meine Augen. Ich schaute mich um. Florian schien noch zu schlafen. Ein Blick auf die Uhr verriet mir, dass es Mittag war. „Gegen Mittag?", fragte ich mich. Erschrocken sah ich auf die Uhr und war erstaunt und verwundert zugleich. Was zur Hölle hatte ich letzte Nacht gemacht? Langsam schob ich meinen Körper aus dem Bett und duschte. Unter der Dusche fluchte ich innerlich. Das lange Schlafen hatte meinen Tagesablauf völlig durcheinandergebracht. Hiernach setzte ich mich an den Schreibtisch. Mir fiel auf, dass die Oberfläche von den Abdrücken der Flaschen und Gläser vom Vorabend gezeichnet war. Kurzerhand nahm ich einen Lappen und reinigte den Tisch. Während der Arbeit an der Thesis konnte ich mich nicht konzentrieren. Ständig schwirrten ambigue Gedanken durch meinen Kopf. Ohne Zweifel erfreute ich mich an den zurückliegenden Ereignissen im Fantastic. An der Stimmung, an der Musik, am Techtelmechtel mit Ekaterina. Vor allem an dem Techtelmechtel mit ihr! Es bewies mir, vielmehr zeigte ich mir selbst, dass ich in der Lage war, eine Studentin aufzureißen. Und das fühlte sich gut an. Es fühlte sich gut an, weil ich mich einfach treiben ließ; weil ich heiß darauf war zu erfahren, was die Nacht, was der Club und das Leben zu bieten hatten. Es war eine neue Erfahrung, die ich machen durfte. Hörte ich ganz tief in mich hinein, so sprach eine Stimme zu mir, dass es gut war und sich richtig angefühlt hatte. Ich begriff, was die anderen gut fanden, wenn sie mit ihren Frauengeschichten protzten und ihre Größe und Stärke anhand ihrer absolvierten nächtlichen Abenteuer maßen.

Zugleich war es jene Stimme, die mit vorwarf, dass mein Handeln und Tun falsch war. Dass ich mich dem Rausch mit all seinen Facetten hingegeben hatte, der dazu führte, dass Lüste ein leichtes Spiel mit mir hatten, mich in ihren Bann zu ziehen. Das ich dieses Verhalten ohne Zögern zuließ. Sonst belächelte ich immer die anderen, die sich dem Feiern hingaben, sich betranken, sich vergaßen. Und nun? Nun war ich nicht besser oder schlechter als die anderen. Die anderen, auf die ich sonst blasiert blickte. Diejenigen, die ausschließlich ihre fleischernen Obsessionen befriedigten. Versteinert saß ich auf meinem Stuhl und starrte an die Wand. Ich verinnerlichte das eben Gedachte. Ich fühlte mich schlecht und dreckig. Ich merkte, wie meine Hände, meine Arme, mein ganzer Körper verklebt waren mit Schmutz und wie dieser Schmutz auf mich drückte. Eine tiefe

Scham überkam mich. Nicht anders oder besser als die anderen zu sein, war die Erkenntnis aus meinem Zwiegespräch. Der Scham folgte der Ekel in mir. Der Ekel vor mir selbst, dass ich mich für etwas Besseres hielt und ohne Demut war. Er haftete an mir wie Bratfett in einer Fritteuse. Ich ließ den Stift aus der Hand fallen, zog die Jacke an und rannte nach draußen. Ich rannte in Richtung Stadt. Die vorbeifahrenden Autos schallten wie heulendes Gelächter. Sie lachten mich für meine Überheblichkeit aus und sahen, wie peinlich es mir war. Jedes vorbeiziehende Lachen führte zu einem noch schnelleren Schritt. Schließlich waren meine Bewegungen so schnell, dass ich zu rennen begann. Bereits nach kurzer Zeit stockte mir der Atem und schon merkte ich die Anstrengung des Vorabendes, die mir noch in den Knochen saß. Vor der Mall angekommen, stoppte ich. Erschöpft und keuchend stand ich vor der gläsernen Eingangstür zur Mall. Hineingehen und mich ablenken lassen, wollte ich nicht. Ich fürchtete mich, dass die Leute mich verspotteten, wenn sie mich sahen, wie ich mit meinem Ekel kämpfte. Stattdessen ging ich auf den Fluss zu. An der Promenade waren massive Steinstufen eingelassen, die zum Wasser führten. Ich setze mich auf die kalten Treppenstufen. Die

Sonne stach mit ihren Strahlen von der Seite in mein Gesicht. Ihr Scheinen tat weh in meinen Augen. und der Kater vom Vorabend drückte in meinem Kopf. Ich betrachtete den Fluss und das dahinströmende Nass. Fokussiert auf eine Stelle im Wasser, nahm ich die vorbeiziehenden Kähne und Touristenschiffe nicht war. Ich sinnierte über das, was geschehen war; und über das, wovon ich glaubte, dass es richtig sei. Langsam setzte ein Umdenken ein. Ich fand heraus, dass das Geschehene gar nicht so schlecht war, wie es mir meine Vernunft einreden wollte. Anscheinend gehörte es zum Leben dazu. Mein Gedankenkonstrukt diesbezüglich war überholt, konservativ und nicht zeitgemäß. Nicht mehr das Ausrasten im Fantastic bereute ich, sondern die Art und Weise, wie ich die Welt noch bis vor ein paar Stunden gesehen hatte. „Getroffene Hunde bellen. Sei kein Hund! Und hör mit dem Bellen auf!", dachte ich mir und schmunzelte dabei. Mit Akzeptanz verstand ich, dass Ausflippen dazugehört. Wieso also nicht mehr ausflippen? Wieso nicht mehr das Außergewöhnliche suchen und eruieren, was es für mich bedeutet? Ob ich mir damit selbst einen Freifahrtschein ausstellte, konnte ich nicht beantworten. So saß ich noch eine Weile und starrte auf den Fluss, das Rauschen und meine Gedanken, die in ihm schwammen.

Die Gedanken sortiert, stand ich auf und ging in die Mall. In der Zwischenzeit hatte sich das unterdrückte Hungergefühl durchgesetzt: Der Magen knurrte. In der Mall bestellte ich an einem Asia Imbiss für Florian und mich Chop Suey zum Mitnehmen. Zurück im Wohnheim, hatte Florian derweil ausgeschlafen. Er saß mit seinem Laptop im Bett und trank aus seiner Flasche, als ich reinkam.

„Na, warst du bei deiner neuen Freundin?", fragte er mich höhnisch.

„Ich war vorne in der Mall und …"

„Ja, das sagen sie alle. Hab' doch gesehen, wie du gestern mit ihr rumgemacht hast."

„… und hab' Essen für uns geholt." Ich stellte das in Assietten verpackte Chop Suey auf den Schreibtisch, zog meine Jacke aus und setzte mich.

„Ach, lass mich! Du wolltest doch nicht mit ihr reden. Hast mich doch sogar gebeten, dass ich sie dir vom Hals halte."

„Was du auch gut hinbekommen hast. Benedikt und ich haben darum gewettet, ob du bei ihr pennst."

„Du Arsch!", erwiderte ich erzürnt. Ich packte die Assietten aus und reichte Florian eine. Wir begannen zu essen.

„Ich bin nachher mit Danica verabredet. Du hast das Zimmer dann für dich", sagte Florian.

„Hm … ich werde mich nochmal aufs Ohr legen. War gestern doch zu viel …" Ich nahm einen Bissen und schluckte ihn hinunter.

„Du verbringst ganz schön viel Zeit mit Danica."

„Ach ja. Sie ist doch alleine hier und sucht Gesellschaft."

„Gesellschaft?"

„Ja, sie hat nicht viele Freunde hier und ist öfter allein."

„Das hat sie dir gesagt?"

„Ja hat sie."

„Und du meinst nicht, dass das bloß eine Masche ist?"

„Wieso Masche?"

„Dass sie dich um den Finger wickelt? Und dich in die Kiste ziehen will!"

„Das wird sie nicht machen."

„Wie kommst du darauf?" Florian stellte seine Assiette auf den Nachttisch und begann, auf dem Laptop zu tippen.

„Hast du dir einmal angesehen, von wem sie sich alles in den paar Wochen, seit wir hier sind, hat knallen lassen? Und da willst du mir erzählen, dass sie sich alleine fühlt und Gesellschaft braucht?" Florian unterbrach das Tippen. Er schaute vom Laptop zu mir auf.

„Die ist ganz anders als auf den Partys. Das ist schon schlimm, was sie durchmachen musste. Da braucht sie jemanden."

Ungläubig fragte ich: „Und dieser jemand bist du?"

„Bei mir fühlt sie sich wohler als bei den anderen." Ich schluckte meinen letzten Bissen hinunter, als es klopfte. Die Tür ging auf, und Ekaterina trat herein.

„Hey, ihr beiden!", begrüßte sie uns. Sie musterte Florian einen Augenblick, bevor ihr Blick mich fixierte.

„Wie geht es euch? Habt ihr gestern Abend überstanden?"

Wir beide bejahten und nickten zustimmend.

„Mir geht es auch gut." Sie setzte sich auf die Bettkante von Florians Bett. Ihre Augen waren dabei immer noch auf mich gerichtet. Florian versteckte sich hinter seinem Laptop, um nicht mit ihr reden zu müssen.

„Ich werde zur Burg gehen und möchte dich fragen, ob du mich begleitest?".

Ruckartig hob er seinen Kopf hinter dem Laptop

hervor.

„Gute Idee! Alex hat auch vor, zur Burg zu gehen. Er würde sich freuen, dich zu begleiten."

„Ernsthaft?", fragte sie uns.

„Ja!", fügte Florian hinzu.

„Oh, großartig. Wir können in einer Stunde losgehen?", fragte sie.

Bevor ich antwortete, sah ich Florian mit finsterer Miene an.

„Na warte mal! Ich wollte an der Thesis weiterarbeiten. Das geht nicht."

Florian hörte, was ich sage, doch es war ihm völlig gleichgültig."

Er wird in einer Stunde vor dem Eingang auf dich warten", setzte Florian fort.

Ekaterina strahlte: „Das ist so nett von euch. Wirklich! Bis später."

Sie stand auf und verließ das Zimmer.

„Vielen Dank. Das hatte ich mir anders vorgestellt", beschwerte ich mich.

„Ich habe dir gerade ein Date eingefädelt. Sei froh. Da könnt ihr eure Bekanntschaft von gestern Abend ausbauen und euch besser kennenlernen."

„Nur gut, dass du nicht mitmusst."

„Ich kann nicht. Ich treffe mich gleich mit Danica.

Jetzt blick doch nicht so traurig drein. Sie ist nüchtern ganz anders als abends im Club. Und die paar Seiten Thesis schreibst du heute Abend doch auch locker runter. Ich kenn' dich doch, Alex."

„Schönen Dank auch!"

Florian konnte sich denken, dass ich mit seinem Verkupplungsversuch nicht zufrieden war. Ich sagte nichts weiter dazu und versuchte, es positiv zu sehen: Die frische Luft würde helfen, die Reste des Katers zu überwinden.

Eine Stunde später stand ich vor dem Wohnheim und wartete auf sie. Durch die Tür beobachtete ich, wie sich die Tür des Fahrstuhls öffnete und sie freudig heraustrat. Sie trug neben einem schwarzen T-Shirt, einer hellblauen Röhrenjeans und Jeansjacke eine Kamera von Nikon um ihren Hals. Sie lächelte mich an und umarmte mich. Aus Höflichkeit lächelte ich freundlich zurück und ließ die Umarmung über mich ergehen. Wir gingen zur Bushaltestelle und fuhren ins Stadtzentrum. Die Burg war nicht weit vom Zentrum entfernt. Auf dem Weg zur Mall konnte ich sie oft sehen und fragte mich, wie es dort oben wohl sei. Seit unserer Ankunft wollte ich schon auf die Burg. Nie konnte ich mich dazu überwinden, den Weg vom Wohnheim oder der Mall zur

Burg auf mich zu nehmen. Wieder waren es die Gedanken an die Thesis gewesen, die mich aufgehalten hatten, es einfach zu tun. Kate so sollte ich Ekaterina nun nennen, denn wir seien jetzt beste Freunde, was mich nach unserem kurzen amourösen Abenteuer vom Vorabend wunderte, sagte mir, sie sei von der Idee, die Burg zu besichtigen, begeistert. Im Bus wie auch auf dem Weg zur Burg redete sie unentwegt: über sich, ihr Leben, ihre Familie, ihre Freunde. Apathisch hörte ich ihr zu. Innerlich verfluchte ich Florian, dass er mir das Rendezvous eingebrockt hatte. Nickend gab ich meine Zustimmung zu ihren Themen. Zwischendurch fragte Kate mich, wie ich die Dinge sehe, die sie bewegten und umtrieben. Ob ich ähnliche Erfahrungen gemacht hätte und inwieweit sie sich richtig entschieden oder falsch verhalten hätte. Dies glich mehr einem Verhör als einem konstruktiven Gespräch. Antwortete ich nicht in ihrem Sinne, blieb sie stehen und musterte mich. Der Ausdruck in ihrem Gesicht verriet mir, dass dies nicht das war, was sie hören hatte wollen. Nach den ersten beiden Fettnäpfchen, in die ich getreten war und mich für meine Meinung und meine Ansicht rechtfertigen musste, stimmte ich ihr und ihrem teilweisen naivem Weltbild zu. Es ist leicht, die Welt nur in dem

Licht strahlen zu sehen, in dem man es gerne sehen möchte. Es ist leicht und macht das Leben unbeschwerter, als es ständig auf den Prüfstand zu stellen und sich perfekt zu optimieren.

Wir waren bei der Burg angekommen. Durch das barocke Eingangstor ging es einen schmalen Aufgang zum Vorhof hinauf. Ich ging voran. Beim Durchgehen durch das Tor rief mir Kate hinterher. Ich drehte mich um. Sie machte ein Foto von mir. Überrascht von ihrer Handlung, schaute ich konsterniert in die Kamera. Kate bat mich erneut um ein Foto. Diesmal sollte ich allerdings erwartungsvoller in die Kamera schauen und mit ihr spielen. Nach ein paar Schnappschüssen brach sie ab und zeigte mir die gemachten Fotos. Sie waren weder gut noch schlecht. Dennoch bestätigte ich ihr, dass die Bilder gut geworden seien. Hierauf drückte sie mir ihre Kamera in die Hand und bat mich, von ihr Fotos zu machen. Widerwillig fügte ich mich. Sie posierte unter dem Tor. Ich machte Bemerkungen, dass sie sich nach vorne beugen und in die Luft springen sollte. Sie tat es, und ich fand ein wenig Gefallen hieran. Vom Vorhof der Burg hatte man einen großartigen Blick über die Alt- und Betonstadt. In der Ferne sah man einen Windpark; ostwärts eine

Chemieraffinerie. Bewegte man den Blick weiter über die Altstadt hinweg, öffnete sich eine weite Ebene. Man sah hier in weichen Nuancen ineinander verschwimmende Flächen von Grün, Gelb und Blau. Ich inhalierte die Blicke aus der Ferne und der Nähe. Kate rief mich und riss mich mit ihren Rufen aus meinen Atemzügen. Erneut begann sie, Fotos von mir zu machen. Sie bat mich, auf die Mauer zu steigen. Vor und auf ihr für die Kamera zu posieren. In Analogie zu unserem Fotoshooting unter dem Tor wollte Kate auch jetzt wieder mit Fotos von sich beglückt werden. Ich kam ihrer Bitte wieder nach. Nachdem Shooting sahen wir uns gemeinsam die Bilder an. Um nicht nochmal ihren Zorn zu ernten, sah ich in jedem von ihnen ein Meisterwerk. Sie freute sich hierüber. Wir standen an der Mauer und blickten auf die Stadt und in die Ferne, als sie mich fragte, ob ich in einer Beziehung sei. Naiv antwortete ich, dass ich Single sei. Schnell begann sie, mich weiter zu fragen, was in einer Beziehung für mich wichtig und besonders sei. Ich gab mich offen in meinen Antworten. Jede positive Antwort führte zu einer tieferbohrenden Frage. Man merkte ihr an, was sie beabsichtigte. Als ich doch eine ausweichende Antwort gab, brach sie das besprochene Thema ab und begann ein neues. Sie interessierte sich für Florian und fragte mich nach ihm aus: nach seinem Lebenslauf, seinen Hobbys, seinem Beziehungsstatus. Ich war ausweichend in meiner Antwort, was ihr missfiel. Dennoch hatte sie es zu akzeptieren. Schließlich begaben wir uns in eines der zahlreichen Cafés in der Altstadt. Hier hatte ich Gelegenheit, den Spieß umzudrehen und sie nach ihren Absichten zu fragen. Schnell kam sie auf den Punkt, dass sie heiraten und eine Familie gründen wolle. Verblüfft von ihrer Antwort fragte ich sie nach ihrem Alter. Sie war 22. So jung und solche Vorstellungen vom Leben. So divergierend von meinen Vorstellungen.

Ich versuchte, sie und ihr Weltbild zu begreifen. Es war zu schwer für mich. Für sie war meine Vorstellung von der Welt genauso unbegreiflich wie für mich ihr Verständnis von ihrer Zukunft in meinen Augen kein erkennbares Ziel.

Gegen Abend kehrten wir zurück. Kate verabschiedete sich mit einer langen Umarmung von mir. Sie dankte mir für den gemeinsamen Nachmittag. Ich tat es ihr gleich und bedankte mich auch bei ihr, wenn auch nur aus Höflichkeit. Ich war froh, dass unser Treffen zu Ende war.

„Hi!", sagte ich zu Florian

„Und? Wie war's mit ihr?", fragte Florian. Kurz und knapp erwiderte ich: „War gut. Wir waren auf der Burg. Und danach noch im Café. Sehr schickes Café übrigens."

„Schön. Dann hattet ihr viel Spaß?"

„Ach hör auf. Jetzt ist es vorbei. Ich war mit ihr unterwegs. Das muss reichen."

„Das war bloß der Anfang."

„Hoffentlich nicht!", sprach ich erzürnt. „Wie war's bei dir … mit Danica?"

„War gut. Waren unten am Fluss."

„Hat sie dir ihre Lebensgeschichte und Leiden geklagt?", fragte ich mit ironischem Unterton.

„Bestimmt nicht so ein Leid wie dein Date."

„Das weiß man nicht. Das musst du schon sagen, damit wir es wissen können."

„Ach lass mich in Ruhe! Ich muss jetzt schreiben. Nachher ist noch Kitchenparty."

„Heute ohne mich. Ich muss auch noch ein paar Seiten schreiben."

Vertieft vor seinem Laptop sitzend, nahm er meine Antwort nicht wahr. Ich setzte mich an meinen Schreibtisch und öffnete meinen Laptop. Nach dem Checken der E-Mails machte ich das Word-

Dokument mit der Thesis auf. Der schwarze Balken blinkte. Lachte mich aus. Schrie mit kindlichem Gesang: „Schreib doch! Schreib doch! Schreib doch!" Mir fiel nichts ein, was ich schreiben konnte. Ich schrieb einige Zeilen und löschte sie dann wieder. Begann von neuem und löschte sie wieder. Den Worten fehlte der Schliff. Prokrastinierend und aus Unmut öffnete ich Facebook. Im Chat sah ich, dass du online warst. Einen kurzen Moment später ploppte ein Chatfenster auf: „Ahoi, wie geht es dir?" Ich erwiderte: „Gut. Danke. Und dir?" Der Flaute an fehlenden Worten folgte eine Flut der Euphorie und Ideen. Das Schreiben mit dir machte mich kreativ. Zwischen deinen Antworten prasselten die Worte und Sätze für die Thesis auf das Blatt wie Regen an einem lauen Sommerabend auf ein Wellblechdach. Wie aus dem Nichts stelltest du mir eine Frage, mit der ich nicht gerechnet hatte. Sie kam unerwartet und stand außerhalb des Nexus unseres Chats. Ich musste sie mehrfach lesen, um die Perspektiven und Tiefen zu erfassen, die sich dahinter verbargen:

„Denkst du, dass Sonne und Eis in einer guten Beziehung sind?"

Ich zögerte mit der Antwort. Verwundert verdrehte ich die Augen. Es fiel mir nicht leicht, die richtigen

Worte zu finden. Die richtigen, die deine Frage nicht ablehnten und ignorierten. Die richtigen, die nicht abdrifteten in einen philosophischen Monolog, der dich langweilte. Die richtigen, die nicht erkennen ließen, was ich für dich empfand. War ich zu schüchtern, um dir zu sagen, was du mir bedeutetest? Ich überlegte und begann zu schreiben. Dann stockte ich. Dann löschte ich meine Antwort. Langsam fügte sich Wort an Wort, um dir zu sagen, was ich über Sonne und Eis dachte.

„Ich denke, dass die Sonne und das Eis sich gerne näherkommen wollen, aber je näher sich beide kommen, desto weiter wollen sie voneinander weg, da es der Sonne zu kalt wird. Sie friert; und dem Eis wird zu warm. Und es schmilzt. Die beiden können nie herausfinden, was der andere über sie denkt."

Ich hielt inne und atmete langsam aus. Was würde nun passieren? Wie würdest du hierauf reagieren? Ich habe dir die Wahrheit gesagt, was und wie ich über dich denke. Wie nah ich dir gerne sein möchte und wie sehr ich die Zeit teilen und anhalten möchte, nur um mit dir zusammen zu sein. Zugleich war ich wie das Eis, das sich in der Sonne reckt und streckt. Und glaubt, es könnte sich durch die Kraft des Lichtes nun überall hin ausbreiten. Allerdings: An einem

Punkt, den es nicht bemerkt, gibt es kein Zurück für das Eis. Der Prozess des Verflüssigens ist dann so weit fortgeschritten, dass das Eis verschwindet. Überdies freut sich zunächst auch die Sonne: einen neuen Weggefährten kennenzulernen. Allerdings erschreckt sie und fängt bei jeder Berührung, die sie macht, zu zittern an.

„Du bist ein Philosoph. Sonne und Eis können sich nie treffen?"

„Sie können sich treffen. Nur für einen kurzen Moment. Aber sie werden bestimmt dann sehr glücklich sein."

„Oh, das ist schön. Und werden sie sich immer aneinander erinnern, wenn sie sich nicht mehr treffen können?"

„Das werden sie. Sie haben sich nämlich sehr gerne."

Pause. Du antwortetest nicht. In der Chatbox sah ich, wie sich die Blasen bewegten. Du hattest also etwas geschrieben. Dann hörten die Blasen auf, sich zu bewegen. Dann bewegten sie sich wieder.

„Alex! Können wir uns morgen Nachmittag in der Universität treffen? Ich muss mit dir reden!"

Perplex las ich die Zeilen. Ein Treffen in der Universität morgen Nachmittag? Daran sollte nichts

Ungewöhnliches sein. Doch was war der Grund? Worüber wolltest du reden? Selbst, wenn ich verwundert war, nahm ich dein Angebot an und stimmte zu:

„Klar. Lass uns im Foyer treffen. Ich warte bei den Fahrstühlen auf dich."

„Super, Alex! Ich freue mich schon, dich zu sehen."

Kurz danach warst du offline. Für die Thesis schrieb ich noch zwei Seiten, bevor ich in die Etagenküche zur Kitchenparty ging.

Abschnitt 4

Hallo Alex,

dass die Antwort von mir jetzt leider einige Tage gedauert hat, tut mir sehr leid. Hatte mich abends schon mal hingesetzt, aber dann bin ich vor dem Rechner eingenickt ... aber jetzt habe ich es geschafft, und du weißt, dass du mich immer wieder anschreiben darfst!

Schön zu hören, dass es Florian und dir gut geht. Der Aufenthalt ist das, was du dir immer so sehr im Studium gewünscht hast. Umso mehr freut es mich, dass ihr euch wohlfühlt. Sicherlich habt ihr zwei viel zu erzählen, wenn ihr wieder zurück seid. Und darauf freue ich mich.

Ich möchte dir sagen, dass Mann sich nicht zu schämen braucht, wenn man seine Gefühle äußert und zu ihnen steht. Ich denke, dass gerade diese Gefühlsäußerungen wichtige Bestandteile unserer Gesellschaft sein sollten; und außerdem würdest du es ansonsten anders kanalisieren. Dass du unverhofft Gefühle entwickelt hast und dich zu ihr hingezogen fühlst, ist nichts Befremdliches. Du selbst weißt, dass manche Dinge schneller kommen, als man denkt. Fühle dich von deinen Emotionen nicht bedrängt; akzeptiere sie als das, was sie sind. Gib ihr die Chance, dir über ihr Leben zu berichten. Such ruhig ihre Nähe: Mal hier eine Umarmung, mal hier eine nette Geste vereinfachen den Prozess und geben ihr ein Gefühl der Wärme und dir bringen sie Sicherheit im Umgang mit ihr! Diese Sicherheit brauchst du, um gelöster agieren zu können. Wenn man jemanden näher kennt, jemandem nähersteht, dann kann man einfach besser mit ihm reden. Denke im Gespräch mit ihr nicht gleich an Beziehung oder Liebe, sondern an Freundschaft, an Freude am Augenblick, an die Schönheit deines Lebens, des Momentes. Durch diese Abstrahierung projizierst du weniger Gefühle in die Situation und handelst mehr aus dir heraus, wodurch die beschriebenen Gesprächspausen sicher abnehmen werden. Und ein Mann, der locker ist, ist für Frauen immer attraktiver. Und zwing dich nicht, irgendetwas zu sein, sondern sei du!

Das Leben ist nicht planbar, das Leben ist frei! Und wenn du dir Stress machst, dich zu sehr herausforderst, wirst du am Ende verlieren. Hab einfach Spaß am Moment und nutze für dich diese Chance, fernab der Heimat und des Studiums zu wachsen und dich zu entwickeln.

Michel

Bevor wir uns trafen, begegneten wir uns zufällig in der Universität. Florian und ich kamen gerade aus unserem Kurs „Internationale Finanzierung". Ihr Miroslav und du kamt aus dem Deutschkurs. Wie immer lächeltest du mich bezaubernd an.

„Hallo ihr zwei!"

„Na? Wo kommt ihr beide her?"

„Von der Sprachschule. Heute haben wir Adjektive gelernt."

„Oh! Da gibt es sehr viele im Deutschen." Ich lächelte.

„Du musst sie uns alle erzählen." Florian unterbrach uns. Gleich hiernach sagte Florian irgendetwas in deiner Landessprache. Wir lachten alle herzlich über seinen Sprachversuch.

„Florian, dein Sprechen ist schon viel besser geworden."

Hierauf wiederholte Florian seine Worte.

„Du musst die Betonung mehr auf die erste Silbe legen und dann die zweite rollen lassen." Du hast Florian verbessert, was er gleich zum Vorwand

nahm, sich zu wiederholen. Nachdem du ihn mit gro-
ßen Augen fragend angesehen hattest, erklärte er
sich dir. Erklärte mehrfach, alles korrekt ausgespro-
chen zu haben.

„An der Phonetik musst du noch arbeiten, glaube ich,
Florian." Ich lachte jetzt herzhaft mit einem ironi-
schen Grinser. Er warf mir einen abweisenden Blick
zu.

„Wisst ihr zwei schon, was ihr zu Mittag esst?",
fragtest du uns. Wir verneinten.

„Dann kommt mit. Miroslav und ich gehen essen.
Nicht weit von der Universität gibt es ein Restaurant.
Dort gibt es gutes Essen für Studenten." Fragend
sahst du dabei Miroslav an. Er hatte keine andere
Wahl, als zuzustimmen. Seinem Gesichtsausdruck
nach zu urteilen, war er nicht erfreut darüber, dass wir
mitkamen.

Wir setzten uns. Beim und während des Wartens
auf das Essen sagte Miroslav kaum ein Wort. Du
unterhieltest dich die meiste Zeit mit uns. Miroslav
stellte uns ein oder zwei Fragen. Zu meiner Verblüf-
fung fragte er auf Englisch, wie wir es hier finden. Es
war weniger der Inhalt der Frage als mehr die Spra-
che, in der er fragte. Erstaunt sahst du ihn an und
meintest, dass er bitte auch Deutsch sprechen soll.

Er versperrte sich hiergegen. Er sah nicht schön aus und wirkte weder charismatisch noch in irgendeiner Form auffallend; von seiner Gesprächigkeit ganz zu schweigen. Mit einer unerklärlichen Reserviertheit nahm er uns wahr, aß er sein Essen zügig auf und deutete mit dem Klopfen der Finger auf den Tisch ein jähes Ende unseres Mittags an. Nach dem Essen verabschiedeten wir uns. Miroslav machte eine große Geste zum Abschied. Ihr zwei kehrtet zurück in die Universität. Florian ging zur Bushaltestelle und fuhr ins Wohnheim zurück. Ich blieb noch einen Moment stehen. Hiernach begab ich mich in den kleinen Supermarkt auf der anderen Seite der Straße. Ohne genau zu wissen, was ich kaufen wollte, schlenderte ich durch die Gänge. Schließlich holte ich eine Flasche Wasser und eine Tüte Chips für den Abend. Danach ging ich in die Universität zurück, setzt mich ins Foyer und arbeitete an der Thesis weiter. Daneben nutzte ich die Gelegenheit, das Kommen und Gehen der Studenten und Dozenten als anregende Erfrischung zum Schreiben zu nutzen.

Es war Nachmittag. Ich sicherte meine Datei, klappte den Computer zu und begab mich zu den Fahrstühlen im Foyer. Bereits nach kurzer Zeit kamst du.

„Ahoi Alex. Wie geht es dir? Was hast du bis jetzt gemacht?"

„Danke. Danke. Ich war im Foyer und habe an meiner Arbeit geschrieben. Wie war dein Kurs?"

„Ja, ja, der Kurs. Es war viel Ökonomie dabei. Das finde ich nicht so spannend wie Sprachen. Was macht deine Arbeit? Wenn sie fertig ist, möchte ich sie lesen!"

„Woah! Lass mich die Arbeit erst einmal fertig schreiben. Wenn sie fertig ist, gebe ich sie dir gerne zum Lesen. Wo gehen wir jetzt überhaupt hin?"

„Folg mir einfach. Da vorne gibt es Kaffee und Pizza. Willst du eine Pizza?"

„Nein danke. Ich hatte doch erst vorhin gegessen."

Wir holten uns also einen Kaffee und setzten uns draußen auf die Terrasse. Eine seltsame Stille und Nachdenklichkeit umgab dich plötzlich. Wie aus dem Nichts saß eine andere Person neben mir. Wo war die junge Frau, die weiß, was sie will? Die so viel Energie und Lebensfreude ausstrahlt. Die ich mag, wenn sie neben mir sitzt; mit mir redet oder meine E-Mails und Chatnachrichten beantwortet. Doch nun ein völliges unbekanntes, neues Gesicht von ihr? Du starrtest in deinen Kaffee, als suchtest du die

Antworten auf die Fragen, die dich schon seit geraumer Zeit bewegten. Ich schwieg einen kurzen Moment; sah dich an und fragte: „Warum bist du so ruhig? Ist alles okay mit dir?" Du starrtest weiter in deinen Kaffee und hattest meine Fragen nicht bemerkt. Ich setzte fort: „Hat es etwas mit gestern zu tun? Hat es etwas mit deinem Freund zu tun?" Langsam hobst du den Kopf.

„Woher weißt du das? Wie kannst du das wissen?" Ich kann nicht sagen, woher ich es wusste; war es Intuition? Oder einfach das, was ich mir die ganze Zeit gewünscht hatte?

„Zwei Wochen, bevor ihr beiden hierhergekommen seid, hat er zu mir gesagt, dass er nicht mehr mit mir zusammen sein will. Wir wären schon so lange zusammen, und er wäre müde von mir. Als ich ihm von den Erasmusstudenten erzählt und ihm gesagt habe, dass ich ein Buddy sein werde, hat er begonnen, meine E-Mails zu lesen, die ich an euch geschickt habe. Seitdem ist er sehr wütend auf die Erasmusstudenten und schreibt mir ständig SMS, dass er es schön findet mit mir zusammen zu sein." Für mich eröffnete sich ein ganz neues Bild. Er hatte keinen Bock mehr auf die Beziehung und wollte Schluss machen; aber er war so eifersüchtig auf die

Erasmusstudenten, dass er lieber die Beziehung fortsetzen wollte und Angst hatte, sie zu verlieren.

„… wir sind seit fünf Jahren zusammen. Ich war damals 15 und q u a s i ein Kind. Vielleicht war es ein Fehler." Ich ergriff deine Hand und hielt sie fest. Frag mich nicht, warum ich das gemacht habe. Ich habe nicht nachgedacht, sondern es einfach getan! Es fühlte sich gut an, deine warme Hand in meiner zu spüren.

„Wie kannst du das sagen, dass du ein Kind warst? Jeder Mensch ist und bleibt sein Leben lang ein Kind; trifft dumme, naive Entscheidung, von denen niemand weiß, ob sie richtig oder falsch sind."

„Ich weiß im Moment nicht, was ich will! Ich muss nachdenken. Über vieles nachdenken. Ob ich ihn überhaupt noch haben will."

Diese Worte kamen mir bekannt vor. Ich hörte sie nicht zum ersten Mal. Gerne hätte ich dir an dieser Stelle noch mehr zugehört und wäre auf dich eingegangen, doch Benedikt kam mit einem Stück Pizza in der Hand auf die Terrasse und setzte sich zu uns. Du kannst dir wahrscheinlich vorstellen, was mir in diesem Moment durch den Kopf ging: ein Einfühlungsvermögen wie eine Axt im Wald! Ein Elefant im Porzellanladen. Wir wechselten die Themen und sprachen über Banales, über den anstehenden Ausflug, Partys, Partys und nochmal Partys. Wir spielten unsere Rollen, wie wir es gewohnt waren, sie zu spielen.

Am späten Nachmittag trafen wir uns wieder. Du warst extrem verschlossen und in dich gekehrt. Ich wusste, was in deinem Kopf vorging. Ich versuchte mein Bestes, um dich abzulenken, aber du schenktest mir wenig Aufmerksamkeit. „Was hältst du davon, wenn wir am Fluss spazieren gehen?", fragte ich. „Ja, können wir machen", antwortetest du nüchtern. Du gingst nur wegen mir dorthin, nicht weil du das wolltest. Du wolltest wahrscheinlich ins Wohnheim und deine Gedanken sortieren, aber du tatest es für mich.

Als wir uns verabschiedeten, umarmten wir uns und du bedanktest dich für die Zeit, die wir zusammen verbracht hatten. Im Wohnheim angekommen, reflektierte ich all das, was heute geschehen war. Dass du mir so viel Intimes über dich erzählen würdest, hätte ich nicht gedacht; gerade auch vor dem Hintergrund, dass wir uns erst seit ein paar Wochen kannten. In mir nährte sich ein Gedanke, der mich erschreckte: Wenn du mit mir über so intime Dinge redetest, dann reichte meine Anwesenheit vielleicht gerade dazu aus, um ein bester Freund zu sein? Ein bester Freund. Nicht mehr und nicht weniger! Ein bester Freund, der sich immer das Geheule anhören darf und einen guten Ratschlag gibt. Wie oft war ich schon ein „bester Freund" gewesen … auch wenn ich das nicht sein wollte, so wurde ich immer in diese Rolle hineingedrängt. Lag es daran, dass ich zu anständig war? Dass alle dachten: „Ach Alex, das ist immer ein bester Freund! Zu dem kannst du gehen, wenn du ein Problem hast." Alex wollte aber nicht der „beste Freund" von irgendjemandem sein! Alex wollte einmal mehr als nur der „beste Freund" sein! Ich versuchte, mir klarzumachen, dass all das Gesagte nicht negativ zu werten sei. Anstatt weiterhin frustriert zu sein, sah ich hierin eine Chance. Nicht dass ich dein bester Freund sein könnte, sondern dass sich das erfüllt, was ich mir wünschte: Auf dass die Gedanken und Gefühle, die ich für dich entwickelt hatte, auf Gegeninteresse stoßen. Ein frischer Mut trat aus mir hervor: „Kämpf dafür! Sie ist es wert, für sie zu kämpfen!" So wollte ich es nun tun. Dein Freund, der von dir gelangweilt war, hatte dich nicht verdient. Du überstrahltest sein Selbst, indem du stets versucht hattest, mehr aus dir zu machen. Ich war betört von diesen Gedanken.

Der Abend bei der heutigen Kitchenparty bot wenig Abwechslung im Vergleich zu denen der Vortage. Hinzu kam, dass diesmal weniger Studenten anwesend waren. Neben H.L., der mit Vincent und Simone am Tisch in der Küche saß und ein Trinkspiel spielte, dessen Regeln schwer nachzuvollziehen waren, waren Rita und Justina wie auch Vito anzutreffen. In seiner italienischen Art begann er unverzüglich, nachdem er mich gesehen hatte, ein Gespräch mit mir. Er berichtete davon, welche Ausflüge angeboten würden und über einen Ausflug fürs Wochenende in die Berge mit einer Wanderung und Übernachtung. Hierbei könnten wir uns ein Zimmer teilen. Rita und Justina seien von ihm bereits instruiert worden und hätten Interesse an dem Ausflug bekundet. Ein Blick zu den beiden verriet mir deren Ablehnung von Vitos Idee. Ich bekundete mein Interesse an einer Wanderung in den Bergen, gab Vito allerdings zu bedenken, dass er ebenso Florian fragen sollte. „Das ist kein Problem. Ich frage ihn gleich", sagte er. Im selben Moment war ein lautes Klopfen auf den Tisch hören, gefolgt von einem Lacher und Seufzer. Alle wandten ihre Blicke zum Tisch. H.L. wirkte überglücklich. Er hatte das Trinkspiel anscheinend gewonnen. Vito änderte seine

Richtung, um am Tisch H.L. als Gewinner zu beglückwünschen. Rita sprach mich an, ob ich ein tatsächliches Interesse an der Wanderung in den Bergen hätte. Ich versuchte zu verbergen, dass ich daran nicht interessiert war. „Du musst nicht leugnen, dass du keinen Bock darauf hast", sagte sie zu mir. „Puh! Ich bin froh darüber. Es ist manchmal ein bisschen zu viel, was er alles will."

„Mach dir darüber keine Sorgen! Wir denken wie du. Wir wollen auch nicht wandern. " „Was macht dein Freund Florian?", fragte Justina. Irritiert blickte ich sie an.

„Er spricht schon den ganzen Abend mit Ekaterina", ergänzte Rita und zeigte mit ihrem Finger auf die Küchenzeile. Florian unterhielt sich mit Kate.

„Keine Ahnung, was er tut, geschweige denn, worüber er mit ihr spricht.".

„Florian hat Kate sehr gern?", fragte Rita mit ironischem Unterton.

„Am besten fragt ihr ihn selbst. Aber zuerst soll er sich mit Kate vergnügen. Ich bin sicher, er genießt es mit ihr. " Ich war entrüstet über Kates erneuten Anmachversuch. Was sie damit beabsichtigte, war evident. Innerlich schüttelte ich den Kopf darüber. Wie ich Florian kannte, war er wenig erfreut über das Gespräch mit ihr. Wie ich ihn auch kannte, ließ er sich nichts anmerken und gaukelte Interesse vor.

„Du schaust sehnsüchtig zu Kate? Bist du eifersüchtig auf Florian? ", fragte Rita mich.

„Wie? Was denkst du von mir? Ich habe kein Interesse."

„Ich bin eine anständige Frau. Ich würde nie etwas Zwielichtiges denken oder sagen. "

„Du verarscht mich, oder?"

Wir drei lachten und stießen an.

Ich teilte den beiden mit, dass ich zu Florian gehen würde. Sie wollten nicht mitkommen. Florian erzählte von seinen Trinkabenteuern zu seiner Studentenzeit in Deutschland. Ich erinnerte mich an diese Geschichten, hatte ich sie doch selbst miterlebt. Kate staunte nicht schlecht, und Vito klebte mit großen Augen an Florians Lippen. Das Gespräch wurde durch mich unterbrochen, indem ich einwarf, ob dies nicht die Geschichte sei, als Florian nach Hause gebracht werden musste. Wenig amüsiert hiervon, schaute er mich mit bösem Blick an. Hierauf wollte Vito wissen, was passiert war. Sodann führte ich aus, dass er ein Glas Rum-Cola zu viel getrunken hatte. Florian schwieg und schmollte. Ich relativierte und entschärfte die Situation damit, dass er dann doch nicht so betrunken war, dass er nach Hause getragen hätte werden müssen. Florians Schmollen löste sich.

„Ihr seid so lustig. Wusstet ihr das?", entgegnete Kate.

„Kate, du bist dran. Erzähl uns deine lustigste Trinkgeschichte!", forderte Florian sie auf. Verunsichert davon, wusste sie nicht, was sie antworten sollte.

„Ich weiß nicht, was du meinst." Plötzlich wirkte ihre Stimme ernst, als fühlte sie sich angegriffen.

„Komm schon, Kate! Du wirst doch eine Geschichte haben, in der du betrunken warst und über die Stränge geschlagen hast."

„Ich war nie betrunken. Da gibt es keine Geschichte."

„Jeder hat schon einmal einen Alkoholabsturz erlebt. Ich glaube dir nicht, dass du noch keinen hattest", provozierte Florian sie.

„Ich weiß nicht, was ihr wollt", erwiderte sie verunsichert.

Nicht um eine weitere Provokation verlegen, setzte Florian zu einem nächsten verbalen Hieb an: „Mit dem Gesicht kann man sich auch nicht betrinken." Kate wurde sprachlos und verzog ihre Miene. Sie wiederholte erneut: „Jungs, ich weiß nicht, was ihr wissen wollt." Und sie ging von uns fort.

„Puh. Das war doch etwas zu viel für sie", sagte ich zu Florian, während ich einen Schluck aus meiner Dose nahm.

„Ach Quatsch! Die beruhigt sich schon wieder. Und mit dem Gesicht … seien wir doch ehrlich. Schau sie dir an!"

Ich antwortete nichts. Florian drehte sich zu Vito und redete mit ihm weiter. Wir standen noch eine Zeit-lang in der Küche, bevor der „Doorman", wie wir ihn nannten, hereinkam und laut rief, dass das Feiern zu Ende sei. Wir sollten alle in unsere Zimmer ver-schwinden. Wir versuchten, ihn zu besänftigen, was nicht gelangen. Der Versuch, ihn mit Bier zu beste-chen, um so über die Lautstärke der Party hinweg-zusehen, ließ ihn kalt. Seine Rufe wurden lauter. Schließlich folgten wir seiner Aufforderung und ver-schwanden in unseren Zimmern. H.L. und einige Franzosen zogen gemeinsam in eines der Zimmer, um die Kitchenparty fortzusetzen.

Zurück auf unserem Zimmer nahm Florian seinen Laptop und setzte sich damit auf sein Bett. Er sah sich noch einen Film an, bevor er schlafen ging. Ich putzte mir die Zähne und legte mich schlafen. Im Zimmer war das Licht aus. Nur das blaue Strahlen von Florians Bildschirm warf ein wenig Helligkeit in den Raum.

„Du hättest nicht so gehässig sein dürfen. Sie mag nervig sein. Das musst du ihr aber nicht ins Gesicht sagen!" Florian war in seinen Film vertieft und hörte mich nicht. Vor dem Einschlafen blickte ich an die Decke. Ich ließ die Ereignisse des Tages Revue passieren. Deine Worte und deine Geschichte gingen mir nicht aus dem Kopf. Sie entsetzten mich ein weiteres Mal. Warum war er so schrecklich zu dir? Warum erkannte er nicht, was du wert bist? Fragen, die keine Antworten zuließen, außer, dass er nicht der Richtige war. Und dennoch war da dieser klagende Schatten der Ungewissheit, der sich von der Decke zu mir herabgeschwungen hatte und sich schwer auf meine Brust legte. Mit einem Gefühl der Schwere schlief ich ein.

Wir kamen Sonntagabend zurück. Der Besuch in der Hauptstadt und die damit verbundenen anderen Eindrücke als die aus dem Wohnheim und den Clubs war eine willkommene Abwechslung gewesen. Ich genoss die Zeit dort, wollte aber genauso schnell wieder zurück zu dir. Die lange Zugfahrt machte mir nichts aus, denn ich wusste, ich komme zurück zu dir. Und so dachte ich während der ganzen Fahrt an nichts anderes als an dich! Mein Kopf nein, mein Herz malte Bilder davon, dass du in der Bahnhofhalle stehen und auf mich warten würdest. Mit einem glücklichen Lächeln würden wir einander begrüßen und umarmen. Doch es war eine schemenhafte Skizze; gezeichnet von meinem Herzen mit viel Sinn und Leidenschaft. Farbenfroh und herzlich. Gerne hätte ich mehr solcher Bilder in meinem Herzen aufbewahrt. Ich wusste, dass es bloß ein Bild war und dass die Wirklichkeit anders aussah.

Wir nahmen den nächsten Bus, zum Wohnheim. Der Bus war voll mit Menschen. Sie waren alle mit demselben Zug gekommen und wollten zu ihren Familien nach Hause. Das zu Hause, dass ich kannte, war mir in den letzten Semestern immer fremder geworden. Es war nicht das zu Hause, in dem ich groß geworden worden war. Hatte es sich so verändert in der Zeit, in der ich nicht da gewesen war? Alles war vertraut und bekannt, aber dennoch fremd und eigenartig. Ich fühlte mich dort wie in einem goldenen Käfig gefangen. Und wollte weg von hier. Doch wohin gehen? Seit Längerem fühlte ich mich nicht mehr wohl dort. Ich fühlte mich auch beim Studium nicht wohl. Alles erschien obsolet; eingebettet in alte Strukturen, und die Muster folgten einem festen Rhythmus, den niemand kontrollierte, dessen Taktschlag jeder allerdings kannte und fürchtete. Unterwegs oder auf Reisen zu sein hingegen, war eine Wohltat für mich. Ich wusste dann: Ich verlasse einen Ort, der mir zuwider schien, und fahre irgendwohin, wo es mir besser gehen könnte. Am Ende behagte es mir dort dann ebenso wenig wie an dem Ort zuvor. Bald wurde ich innerlich unruhig und wollte wieder weg.

Zurück im Wohnheim begegnete uns Vincenzo auf dem Flur. Er erkundigte sich nach unserem Ausflug. Wir sprachen kurz über den Trip und was wir dort erlebt hatten. Im Gegenzug berichtete er uns über die Geschehnisse der letzten Tage; wer bei der Party am Wochenende zu viel getrunken und wer mit wem geknutscht hatte. In unserem Zimmer warfen wir die Reisetaschen in die Ecke. Florian verkrümelte sich in sein Bett und begann, einen Film zu schauen. Ich startete meinen Laptop, öffnete mein E-Mail-Postfach; surfte auf diversen Seiten, ohne dabei ein eigentliches Ziel zu verfolgen. Schließlich loggte ich mich auf Facebook ein. Du warst online und schriebst mir sofort. Ob ich die Stadt, die Leute und dich vermisst hätte. Wie es mir in der fremden Stadt ergangen wäre. Was wir am Wochenende dort unternommen hätten. Ich schmunzelte, denn alles, was du geschrieben hattest, war so angenehm und liebevoll formuliert. Es fällt mir schwer, die Art und Weise zu beschreiben, wie du an jenem Abend geschrieben hattest. Naiv? Nein, dafür warst du zu scharfsinnig. Verstellt? Nein, dafür erzähltest du mir nicht nur das, was ich hören wollte. Liebenswert? Das trifft es am ehesten. Du schriebst jovial, herzlich und voller Lebensfreude eine Philanthropin. Ich fragte dich, wie es dir gehe; was du die letzten Tage gemacht hättest. Banales, Triviales, kurzum Small Talk. Ich schrieb dir, dass ich mich gerne mit dir treffen würde, und lud dich auf einen Spaziergang ein. Du bejahtest. Zwei Tage später waren Florian und ich im Fitnessstudio. Normalerweise hatte ich solche Orte immer gemieden. Sie erschienen mit fremdartig. Der Weg war das Ziel, und das Ziel war nicht darin zu suchen, in regelmäßigen Abständen die körperliche Fitness zu steigern, was darin mündete, sich an einer Spiegelwand gegenseitig die mit Venen gespickten Muskeln vorzuführen. Aber das war einmal. Denn seit ich das Studio besuchte, merkte ich, wie es mir körperlich und geistig besser ging. Es war ein guter Ausgleich zum universitären Alltag. Nicht die Denkweise der anderen war falsch,

sondern meine war nicht richtig gewesen. Ich unter-
schätzte die positive Wirkung von Sport zu häufig.
Redete sie klein. Ich stellte mich quer gegen die
Möglichkeiten, die dieser Ausgleich zu bieten hatte.
Florian wusste von unserem gemeinsamen Treffen.
Also beendeten wir unser Training früher. Rasch
duschte ich und zog mich um. Wir trafen uns am spä-
ten Nachmittag. Wie so oft davor lächeltest du mich
an, als du mich sahst. „Was wollen wir machen, Ale-
xandrowtisch?"
Ich antwortete: „Lass uns im Park spazieren gehen."
Auf dem Weg dorthin redeten wir über deine Familie.
Du erzähltest mir von deinen Eltern, deinen Brü-
dern. Wie sehr du alle mochtest; und deinen kleinen
Cousin am meisten. Mir gefiel es, wenn du von dei-
ner Familie sprachst; und wenn du mir davon berich-
tetest, welchen deiner Brüder du mehr mochtest,
welche Eigenarten sie hatten und was ihre Vorlieben
waren. Dir zuzuhören, war schön. Deine Stimme zu
vernehmen, die kleinen Fehler, die du beim Spre-
chen machtest, dein Lächeln, wenn wir zusammen
rumblödelten.
„Was ist deine Lieblingsjahreszeit?" Vor uns war der
Weg mit Laub bedeckt. Rotes, gelbes und braunes
Laub lag auf dem Weg und glänzte in der Sonne.

Von den Bäumen fielen langsam die Blätter, und die Sonne sandte ihre letzten warmen Strahlen.

„Ich mag den Herbst. Ich liebe es, wenn die Blätter sanft von den Bäumen gleiten. Das viele, bunte Laub, das auf den Wegen liegt und vom Wind zum Tanzen gebracht wird und so lustig knirscht, wenn man drüber läuft. Die Luft riecht klar, und die letzten Sonnenstrahlen schimmern durch das verbleibende Laubdach auf die Erde und wollen sie wärmen. Am liebsten gehe ich im Herbst spazieren. Da ist es kalt, und wenn man nach Hause kommt, kocht man sich eine warme Tasse Darjeeling oder Earl Grey; wärmt sich an der Tasse und genießt einen der letzten Sonnenuntergänge."

„Oh, Alex! ich liebe auch den Herbst und mag ihn genau wie du: Spazieren zu gehen und nach dem Spaziergang Tee zu trinken. Alex, du bist mein Herbstmensch!" Ich schmunzelte und antwortete, dass jede Jahreszeit etwas Reizvolles hat. „Man muss nur für sich selbst herausfinden, was man an einer Jahreszeit mag." Als wir zurück zum Bus liefen, erzähltest du davon, dass du im November einen Test hättest, den du bestehen müsstest, um im Ausland zu studieren. Ich sprach dir Mut zu und bestärkte dich, dass du in der Lage sein würdest, den

Test erfolgreich zu absolvieren. „Lass uns zusammen für den Test üben!", sagte ich zu dir. Ich war mir nicht sicher, ob es richtig gewesen war, das zu sagen. Es war der alte Alexander! Der Alexander, der es immer nur schafft, ein bester Kumpel zu sein. Aber ich wollte nicht mehr ein bester Kumpel sein! Ich wollte mehr! Ich sagte zu mir selbst, dass ich es unterlassen sollte, so etwas zu sagen!

Ich brachte dich zurück zur Universität. Wir standen im Foyer und blickten uns an. Je länger ich dir in die Augen blickte, desto stärker wurde das Verlangen in mir. Dich für immer zu haben und nie mehr loszulassen. „Alex, mein Herbstmensch …", sagtest du mit einem Schmunzeln im Gesicht zu mir. Wir umarmten uns. Ganz fest drücktest du dich an mich, als wäre ich ein Anker, den du nicht loslassen wolltest. Es war anders als sonst. Sonst war es bloß eine kurze Umarmung und schnell vorbei, aber diesmal … Dein Kopf lag auf meiner Brust, deine Arme hatten sich fest um mich geschlossen. Ich genoss diesen Moment und drückte dich ebenso fest an mich. „Nie mehr! Nie will ich dich aus meinem Arm lassen", dachte ich mir.

„Danke für diesen tollen Nachmittag", sagtest du.

„Dank nicht mir! Ich habe zu danken, dass ich einen

so wunderbaren Menschen wie dich kennengelernt habe", dachte ich. Wieder blickten wir uns an, und es bedurfte keiner Worte, nur eines Blickes, um zu sagen: „Es ist schön, dass du da bist." Wir umarmten uns erneut, und wieder fühlte ich deine Nähe und deinen Körper.

Bevor wir uns verabschiedeten, hielt ich dich an deinem linken Arm fest.

„Ich habe noch etwas für dich! Ich habe dir doch versprochen, wenn ich wieder zurückkomme, bringe ich dir etwas von dem Ausflug mit." Es war ein kleines Päckchen mit Pralinen. Nichts Spektakuläres.

„Alex, du bist ein toller Mensch. Du bist so lieb." Bevor du den Satz zu Ende gesprochen hattest, küsstest du mich. Die Zeit blieb stehen. Alles um uns herum stand still. Nur du und ich. Ein Moment Ewigkeit. Ich wusste nicht, wie mir geschah. Es war so spontan, nicht bestimmbar für mich. Ich zitterte am ganzen Körper. Deine Lippen, wie sie meine Wange berührten. Mein Herz, wie es schneller und schneller schlug. und ich fühlte, dass es gut war. Du schautest mich an; mit einem letzten Lächeln für heute sagtest du: „Auf Wiedersehen! Wir sehen uns morgen Abend, Alex."

Ich lächelte dir zu und ergänzte: „Ich werde da sein."

Du drehtest dich um und gingst zu deiner Vorlesung. Für einen kurzen Moment stand ich wie versteinert da und war von dieser Situation so überrascht, dass ich einen Moment Zeit benötigte, um mich wieder zu fangen.

Auf dem Weg zur Bushaltestelle berührte ich meine Wange immer und immer wieder. Sie fühlte sich weich und gut an. Ich musste noch lange Zeit an diesen Moment denken. Ich wollte diesen Moment nicht vergessen. Nein! Ich wollte nichts vergessen! Ich wollte, dass alles gut wird! Ich wollte dich sehen! Jeden Tag, jede Stunde, jede Minute, Sekunde mit dir Zeit verbringen. Dich lachen sehen; sehen, wie du dich über die kleinen Dinge des Lebens freust; dir zusehen, wenn du tanzt und dich ganz der Musik hingibst; dir zuhören, wenn du von deiner Familie, deinem Leben, deinen Träumen und Wünschen erzählst. Ich wollte für dich nicht irgendein dahergelaufener Student sein, der hier seinen Auslandsaufenthalt macht, dann abhaut, als sei nichts gewesen, und sich denkt: „Mann, war das geil hier!" Nein, das wollte ich nicht sein! Ich wollte so viel mehr für dich sein. Mehr als nur ein Kumpel. Mehr als nur ein

Freund. Ich wollte dich festhalten; nicht mehr loslassen und die Zeit mit dir zur Ewigkeit werden lassen!

Abschnitt 5

„Ich sterbe. Ich sterbe jeden Tag ... jeden Tag aufs Neue. Seitdem ich hier bin, hat sich alles so sehr verändert, dass ich weder mich selbst erkenne, noch erkenne, wer ich war, wer ich bin und wer ich sein werde. Alles ist im Fluss, und ich bin das Treibholz, das lose und wild ohne Ziel umhertreibt."

Wir waren zum Vortrinken bei Danica eingeladen. Sie wohnte im gleichen Wohnheim wie wir. Um 20 Uhr sollten wir bei ihr sein. Wir kamen später und waren überrascht, dass Danica und ihre Mitbewohnerin Rita noch nicht fertig waren. Sie überlegten hin und her, ob das Kleid, das sie vor dem Spiegel anprobierten zu den gewünschten Schuhen und welches Make-up zu welchem Lipgloss passte. Eine Hektik wie in einem Ameisenbau. Danica ging aus dem Zimmer ins Bad, just in diesem Moment, als Rita ihren Schrank öffnete und nach einem passenden Kostüm suchte. Nachdem sie umgezogen war, wurde Danica von Rita aus dem Badezimmer herausgerissen, sodass sie sich umziehen konnte. Apathisch folgte Danica Ritas Aufforderungen. Sie verließ das Bad, während sie sich gleichzeitig die

Ohrringe ansteckte und zu ihrem Handspiegel rannte, um sich zu schminken. Wir sahen dem Getümmel mit Freude zu und schmunzelten in uns hinein. Die Hektik hatte etwas Angenehmes an sich. Nachdem die Auswahl der Kleidung und des Make-ups fixiert war, holte Danica aus ihrem Schrank einen Kochtopf sowie zwei Flaschen Rotwein heraus. Sie befüllte den Topf mit der Flüssigkeit und schnitt einige Früchte hinein.

„Jungs, ich habe Sangria gemacht. Trinkt davon!" Zustimmend nickten wir, wobei uns klar war, dass diese Sangria etwas Besonderes war. Anstatt die Sangria zu probieren, mixten wir uns zwei Cuba Libre. Du kamst etwa eine halbe Stunde, nachdem Florian und ich gekommen waren. Erneut sah ich dich mit großen, hoffnungsvollen Augen an. Wir stießen zusammen auf den Abend an. Du sprachst vorwiegend mit Rita und Danica. Das stand dir zu. Florian und ich sahen dem Treiben zu und kommentierten es. Zwischendurch hörten wir, wir eine von euch dreien uns aufforderte, nicht zu flüstern. Hierauf lachten wir oder gaben ausweichende Antworten. Seit Langem hatte ich mich nicht mehr so wohl gefühlt wie an diesem Abend. So viel Freude; das Leben leichtnehmen und nicht an

Morgen denken. Ich wusste nicht mehr genau, wann ich das Leben das letzte Mal so locker genommen hatte. Für zwei oder drei Stunden blieben wir in diesem Modus, bevor die Mädels ein Taxi riefen, um ins Fantastic zu fahren.

In der Disco angekommen, musste ich in deiner Nähe sein. Ich konnte nicht von dir entfernt sein. Ich war süchtig nach dir! Sklave meiner Gefühle! Abhängig von dir; wie eine Orchidee, die nur nachts blühen kann. Die Musik dröhnte durch die Boxen. Die Menschen bewegten sich zum Rhythmus der Musik wie ein einziger Organismus. Mir gefiel die Stimmung dort. Sie war anders als in den Clubs, die ich von früher kannte. Die Leute, die dort hingingen, bewegten sich emotionslos und regungslos zu den immer wiederkehrenden Beats. Aber hier waren alle mitgerissen von der Musik. Eine Atmosphäre wie auf einem Konzert. Alle gaben sich voll und ganz dem Gefühl hin, dass Musik die Droge ihres Lebens sei.

Wie im Rausch tanzte ich mit dir durch die Nacht. Ich vergaß alles um mich herum. An diesem Abend gab es nur uns beide. Zuerst standen wir uns gegenüber. Die ganze Zeit grinsten wir uns an, um zu zeigen, dass wir uns in dieser Situation wohlfühlten. Du tanztest mit so viel Leidenschaft und Feuer; energisch und lustvoll, dass ich wie von einem Zauber befallen war und dir mehr und mehr verfiel. Tiefer und tiefer hinabstieg in die Leidenschaft und Lust. Der Club wurde voller. Immer mehr Menschen drangen herein. Wir rückten während des Tanzens immer näher, bis ich dir schließlich direkt gegenüberstand. Ich konnte nicht widerstehen. Ich legte meine Arme um dich; drückte dich eng an mich. Wir waren jetzt nicht mehr zwei Individuen. Wir waren eins. Es fühlte sich gut an. Einfach nur gut. Mehr Worte braucht es nicht, um das Glück zu beschreiben, das ich in meinen Händen hielt. War ich bisher immer enttäuscht worden von der Welt und dem Leben und hatte ich ständig für ein bisschen Glück kämpfen müssen, so hielt ich es nun in meinen Armen. So sanft und zart. So simpel. Aber dennoch so komplex und unbegreiflich für mich; es war einfach da. Gäbe es im Leben eines Menschen einen Moment, in dem eine Stimme ihn fragte, was er bräuchte, um glücklich zu sein, hätte ich geantwortet: „Dich! Nur dich will ich für den Rest meines Lebens haben!"

Kurze Zeit später verloren wir uns in dem Gedränge aus den Augen. Ich ging zur Bar, bestellte ein Bier, trank es und bestellte noch eins. Meine Blicke suchten dich. Ich wollte dich wieder in meinen Armen halten. Wieder eins mit dir sein. Ich sah die anderen, wie sie lachten, tanzten und feierten. Ich sah andere Frauen, die hübsch und attraktiv auf mich wirkten. Sie interessierten mich nicht. Ich hatte ausschließlich Augen für dich. Der Rausch, den du ausgelöst hattest, war verschwunden, warst du nicht mehr da. Die Glut war erloschen, und ich merkte, dass ich unbedingt mehr wollte. Ich konnte nicht genug bekommen von dieser Droge, dem süßen Gift, dem ich verfallen war. Als ich dich nach einiger Zeit nicht finden konnte, lief ich durch den Club, um dich zu suchen. Immer und immer wieder die gleiche Tour. Schließlich beschloss ich, am Rand der Tanzfläche stehen zu bleiben und dort auf dich zu warten. Früher oder später musstest du dort vorbeikommen. Ich wartete. Minuten vergingen, und sie kamen mir wie Ewigkeiten vor. Ewigkeiten, in denen mir kalt war. In denen ich von der Einsamkeit beschlichen wurde. Ein dumpfes Gefühl machte sich in mir breit: „Willst du für immer einsam sein und vergessen sterben? Oder willst du das Glück, das du gefunden hast, teilen?" Ich stemmte mich gegen die Gedanken.

„Nein! Ich will das nicht! Ich bin glücklich!", sagte ich zu mir. Ich blickte zur Tanzfläche. In diesem Moment kamst du aus der Tanzmasse heraus und auf mich zu. Du wirktest traurig. „Hey! Was ist los?" Du nahmst mir mein Bier aus der Hand, trankst einen Schluck und umarmtest mich. Anders war es diesmal, als die Umarmungen zuvor. Du fühltest dich wohl bei mir, und ich genoss es. Du umarmtest mich, als sei ich ein Fels in der Brandung, der dir Verständnis und Vertrauen entgegenbrachte. Für dich da war, wenn es dir nicht gut ging. Wie simpel Glück doch sein kann.

Weder das Geschehene noch die Gründe dafür sind mir in Erinnerung geblieben. Zerkratzte Fragmente, die sich nicht hinreichend rekonstruieren lassen, verbleiben als mahnende Gedenken in unserem Kopf. Enthusiasmiert und trunken von dir, führte ich meine rechte Hand zu deinem Hals und streichelte ihn. Du machtest deine Augen zu und legtest deine Arme um meinen Hals. Ich zog dich zu mir heran. Wir küssten uns. Die Welt hielt inne. Kein Lärm von außen drang zu uns durch. Nach einigen Minuten lösten wir uns; sahen uns mit warmen Blicken in die Augen. Betrunken, aber glücklich und zufrieden nahmen wir diesen Moment wahr. Kurz darauf sagtest du, dass du ins Wohnheim zurück müsstest. Ich verstand und wünschte dir einen guten Abend und eine gute Nacht. Ich sah dir nach, als du die Tanzfläche verlassen hattest und zur Garderobe gegangen warst. Es brauchte eine Weile, ehe ich aus meiner Trance zurückfand und das Trommeln des Basses wieder spürte.

Abschnitt 6

Ich wachte auf und sah dich vor meinem geistigen Auge. Du lächeltest mich an und fragtest mich, ob wir zusammen etwas unternehmen wollten. Beim Duschen ließ mich dieses Bild nicht los. Ich begann zu weinen. Mir wurde bewusst, dass all dies nicht wahr sein konnte.

Für heute sah unser Lehrplan keine Vorlesungen vor, und das Wetter war gut, sodass ich beschloss, in die Stadt zu gehen. Florian schien noch zu schlafen. Auf dem Weg in die Stadt ließen mich diese Gedanken nicht mehr los: Ich dachte an diese wunderbare Nacht zurück und sagte mir selbst, dass gerade alles perfekt war. Ich genoss das Leben. Ich hatte ein Mädchen kennengelernt, das mich extrem sympathisch fand, dass sich mir anvertraut hatte, und die Schönheit von Stadt und Land tat das Ihre dazu. Besser konnte es nicht laufen. Konnte es tatsächlich so sein? War es nur eine Illusion oder doch Realität? Je mehr ich darüber nachdachte, desto mehr wurde mir klar, dass ich alles bloß durch eine rosarote Brille gesehen hatte. Ich wollte es nicht wahrhaben und ich wehrte mich vehement dagegen. Sich klar zu machen, dass alles Erlebte nur ein Traum war, schmerzt mehr als zu wissen, dass man nur noch wenige Tage zu leben hat. Abends im Bett starrte ich an die Wand. Ich dachte über das Viele, das geschehen war, nach. Das Hin- und Hergerissen sein. Die Erlebnisse im Club. Plötzlich wurde mir bewusst, dass ich mich in etwas verrannt hatte, das ich nicht mehr unter Kontrolle hatte. So sehr du mir ans Herz gewachsen warst, so sehr ich dich mochte, beschloss ich gleichzeitig. Dich nicht mehr zu sehen. Es war besser so. Für dich. Für mich. Ich schlief an diesem Abend mit einem ungewissen Gefühl ein, da ich wusste, dass ich das nicht wollte. Kanntest du dieses Gefühl, wenn der Bauch etwas wollte, das der Kopf verbot?

Die Tage gingen vorbei und ich zwang mich, dir nicht zu schreiben. Dennoch kontrollierte ich regelmäßig meine E-Mails und die Geschehnisse auf Facebook und hoffte, dass du online warst und wir schreiben konnten. Ein ungutes Gefühl beschlich mich. Du warst doch immer online gewesen und hattest mich auch immer angeschrieben. Was war passiert? Irgendetwas war passiert! Ich fragte Florian, ob er etwas wüsste. Doch er gab mir nur zur Antwort, dass ich dir erstmal nicht schreiben sollte. Mir war klar, dass er mehr wusste.

Am Donnerstag sahen wir uns wieder. Ich fragte dich, ob alles okay sei.

„Du weißt, wie es mir geht!", sagtest du mit nüchterner Stimme. Zwar war mir unklar, was du damit meintest, aber ich hatte eine Vorstellung davon, dass es dir nicht gut ging. Den Abend über wollte ich dich nicht sehen. Sah ich dich, so schmerzte es. Es war nicht der gleiche Schmerz, wie ich ihn vom Verliebtsein kannte. Es war ein neuer Schmerz. Schmerzt das Verliebtsein auf eine Art, die wohltuend ist und vom Herz ausgeht, so ist der Schmerz, etwas nicht haben zu können, wonach man sich sehnt, um ein Vielfaches größer. Du wichst mir den ganzen Abend aus und versuchtest, kein Wort mit mir zu reden. Wahrlich fühlte ich mich in dieser Situation nicht wohl. Inständig hoffte ich, dass du nicht mit in die Disco kommen würdest, da es mir unangenehm war, dich dort tanzen zu sehen und zu wissen, dass ich mich von dir distanzieren musste. Mein Herz wollte etwas Anderes, doch mein Verstand warnte mich aufs Eindringlichste davor, noch mehr Schaden anzurichten; auch wenn ich noch nicht einmal wusste, ob ich überhaupt Schaden verursacht hatte.

Ich holte mir ein Bier, lief durch den Club, schaute nach den Leuten, die dort waren, aber sie interessierten mich nicht. Plötzlich erschien vor mir eine schlanke, dunkelhaarige Frau. Sie war jünger als ich, riss mir das Bier aus der Hand und umklammerte mich. Wir begannen zu tanzen. Früher hätte ich von so einer Situation geträumt: Du kommst in den Club. Trinkst etwas. Lernst eine Frau kennen. Tanzt mit ihr. Knutschst mir ihr rum und lässt den Abend mit ihr ausklingen … Diesmal widerte es mich an! So etwas Primitives zu denken und vorzuhaben - das wollte ich nicht. Sie drückte sich immer fester an mich. „Come with me", flüsterte sie mir ins Ohr. Ich schubste sie weg und ging. Sie rannte mir hinterher, packte meinen Arm und zerrte an ihm. Ich blieb stehen, drehte mich zu ihr. Sie fiel mir um den Hals. Ich ließ es geschehen. Wir küssten uns intensiv. „Let us go outside!", sagte sie zu mir. Ich ging mit ihr zum Ausgang. Im Club wollte ich sie loswerden und hatte kein Interesse an ihr. Kurz vor dem Ausgang ließ ich sie los und verschwand in den Toiletten. Zurück an der Theke, bestellte ich wieder ein Bier und beobachtete das Geschehen aus sicherer Entfernung. Die Tanzfläche leerte sich, und ich freute mich, dass wir endlich wieder zurück ins Wohnheim fahren konnten. Florian kam zu mir und sagte, dass die Mädels und er noch ins Black & White wollten. Missmutig stimmte ich zu. Die Leute verließen die Tanzfläche. Nur wenige waren noch da. Das letzte Lied wurde gespielt, und ich war froh, den Club endlich zu verlassen. Innerlich seufzte ich, da es noch nicht vorbei war. Ich sah dich, wie du alleine auf der Tanzfläche standest und dich zur Musik bewegtest. Du winktest mich zu dir herüber. Servil ging ich zu dir, auch wenn ich nicht wollte. Du drücktest dich fest an mich, so wie einst in dem anderen Club. Neben uns tanzten Danica und Florian eng an eng. So gut ich mich in diesem Moment fühlte, so schlecht und dreckig ging es meiner Seele; am liebsten hätte ich all meine Gefühle ausgekotzt. Mit Ekel und Verachtung hätte ich sie betrachtet, wie sie sich langsam in den Boden reinfraßen, bis sie in ihm ganz verschwunden wären.

Es war nicht weit zu dem anderen Club, und wir beschlossen, zu Fuß hinzugehen. Danica und ich gingen voraus. Unerwartet begann Danica:

„Alex, du weißt, dass sie einen Freund hat. Und du weißt, dass sie gerne mit dir Zeit verbringt. Sie redet nur gut von dir und sagt, du wärst so ein guter Mensch, der sie versteht und für sie da ist. Du bist wie ein großer Bruder für sie."

Ich sagte nichts und hörte ihr bloß zu. „Und dann hat sie mir erzählt, dass du sie am Hals berührt hast, sie geküsst hast und weiter küssen wolltest."

Ich unterbrach sie und begann, mich zu rechtfertigen. „Okay, ich habe sie am Hals berührt, aber geküsst habe ich sie nicht; dann wäre ich zu weit gegangen. Das will ich nicht."

„Hast du sie heute Abend beim Tanzen geküsst?", fragte Danica mit wütender Stimme.

„Nein, das habe ich nicht und hätte ich auch nicht gemacht", antwortete ich.

„Sie weint! Sie weint wegen dir, weil du sie berührt und geküsst hast."

„Danica, hör zu! Ich will weder ihr noch mir wehtun. Das hat sie nicht verdient", sagte ich zu ihr.

„Lass sie in Ruhe! Und nutz es nicht aus, dass sie betrunken ist! Verstehst du das?" Ihre Worte trafen mich schwer. Ich hätte nicht geglaubt, dass eine kurze Berührung so weite Kreise zieht.

Am nächsten Tag erzählte mir Florian, dass er mit dir eine halbe Stunde auf einer Bank gesessen und du die ganze Zeit geweint hattest. Er fragte dich nach dem Grund für dein Weinen. „Du würdest es nicht verstehen", hattest du Florian gesagt. Später erzählte mir Florian noch, dass du mich nie mehr sehen wolltest.

„Alex", begann er, „du musst doch wissen, was du willst oder was du nicht willst?" Er pausierte. Mit dunkler Miene setzte er fort: „Weißt du denn, ob sie etwas für dich fühlt? Du bist erst seit ein paar Wochen hier! Na klar ist sie nett und hilfsbereit, aber daraus auf mehr zu schließen, das ist unmöglich!" Wieder ein gefühlt langes Schweigen zwischen seinen Worten. „Du bist nächstes Jahr fertig mit dem Studium. Und sie ist noch mitten in ihrem Studium. Du wirst anfangen zu arbeiten und weißt nicht, wo du arbeiten wirst. Willst du jedes Wochenende die 800 Kilometer mit dem Zug oder Auto hierherfahren, nur um sie dann einen halben Tag zu sehen? Kannst du von ihr verlangen, dass sie das mitmacht? Sie ist so ein liebes Mädchen. Willst du ihr das antun und sie so sehr verletzen, wenn ihr eine Beziehung führt und euch nur an den Wochenenden seht?"

Florians Worte waren hart und trafen mich schwer. Jedoch waren sie auch wahr. Irgendwo in mir sagte eine Stimme, dass er Recht hatte. Aber irgendwie wollte ich es mir auch nicht eingestehen. Jede Wahrheit schmerzt, und wie gerne flüchtet man sich in Lügen, in eine Welt, die aus Kartenhäusern besteht;

redet alles gut und hofft, dass es auch so kommt. Leider ist die Wahrheit näher an der Realität als die Lüge an der Illusion.

Eine Weile gingen mir seine Worte durch den Kopf. In den folgenden Nächten schlief ich schlecht. Trotz der vielen Feiern im Kitchen, in den Clubs und trotz des Schreibens der Thesis gelang es mir nicht, für einige Stunden ruhig durchzuschlafen. Meist wachte ich früh auf und schlich, halb lebendig, halb tot, durchs Zimmer, duschte, setzte mich hin und schrieb, löschte und fing wieder von vorne an. Das Schreiben befriedigte mich nicht so, wie es das sonst getan hatte. Unablässig quälten mich Gedanken an dich: dass du weintest; dass es dir nicht gut ging. Wenn es etwas gibt, das mehr weh tut als ein Schmerz, dann ist es wahrscheinlich die Ungewissheit und das Warten. Ungewissheit, weil niemand weiß, was morgen ist. Warten, weil man hofft, dass sich jede Sekunde das Schicksal zu seinen Gunsten dreht.

Es ist so, als würden sich zwei Sterne aus unterschiedlichen Universen treffen, und eine Sonne soll dort scheinen, wo die andere bisher geschienen hat es würde nicht funktionieren; und selbst wenn, dann nur unter extrem erschwerten Umständen. Eine ernüchternde Erkenntnis. Pragmatisch und simpel. Aber akzeptabel? Die ganze Zeit versuchte ich, es irgendwie für mich zurechtzubiegen, um meine Gefühle damit im Zaun zu halten.

Die Zeit verging nicht schnell genug, sodass das Warten kein Ende für mich nahm. Hatte ich mir mehr als einmal gewünscht, dass man die Zeit verlangsamen oder sogar stoppen könnte, um mehr zu schaffen und zu leisten, so wünschte ich mir nun, die Zeit zu beschleunigen. So grausam waren die Ungewissheit und das spüren, dass ich selbst im Moment nichts machen konnte außer zu warten.

Ich stand abends am Fenster; blickte auf die Straße und beobachtete die vorbeifahrenden Autos. Sie wirkten wie Spielzeuge, die aufgezogen wurden und nun über die Straße huschten. In meiner rechten Hand hielt ich ein Glas, gefüllt mit etwas Whiskey. Von Zeit zu Zeit nippte ich daran. Ich trank nicht aus Freude oder aus Genuss, sondern um den Schmerz und um das Warten zu bekämpfen. Am Himmel zogen Wolken vorbei. Sie schoben sich vor den Mond, blieben stehen, sodass sich der Mond verstecken konnte, und zogen anschließend weiter. Wolken sind wie Menschen. Sie kommen irgendwann aus dem Nichts; bewegen sich langsam, sind unentschlossen und kennen ihren Weg nicht. Nur der Wind kennt ihn und treibt sie an und verweht sie wieder. Nur wird der Mensch nicht vom Wind, sondern vom Leben getrieben. Ständig muss er um sein Leben bangen und kämpft jeden Tag aufs Neue um ein bisschen Glück. Das Glück, für immer in der Hand zu halten und nie wieder loszulassen, ist nicht möglich. Man bekommt nur Fragmente, von denen man zehren muss.

Im Fenster sah ich mein Spiegelbild. Es starrte mich an. „Was hast du getan? War es wirklich falsch? Oder gibt es etwas, das du nicht weißt?" So häufig und tiefgründig hatte ich darüber nachgedacht, was an jenem Abend passiert war.

Florian und Benedikt platzten ins Zimmer herein. „Was macht ihr hier?", fragte ich.

„Ein bisschen was trinken. Alex, wo sind die Whiskeygläser?" Lethargisch zeigte ich auf das Regal über den Schreibtischen. Benedikt stellte die Flasche Whiskey und die Cola ab, holte drei Gläser und machte uns eine Mischung. Benedikt reichte mir ein Glas. „Komm, hab dich nicht so. Setz dich mit hin", sagte Florian.

„Aber…"

„Nichts aber. Hinsetzen und mittrinken!"

Wir stießen an und tranken. Während des Schluckes ermahnte mich Florian. Er hob seine freie Hand und mit gestrecktem Finger verbot er mir, das Glas abzusetzen, bevor es leergetrunken war.

„Bäh!", stieß ich aus.

„Was ist los?", sagte Benedikt.

„Wer hat denn das gemixt? Was'n da drin?"

„War dir wohl zu stark?"

„Das war mehr Whiskey als Cola."

„Ja und? Hab dich nicht so."

„Genau Alex. Sei mal nicht so eine Memme", ergänzte Florian

„So, los, noch 'ne Runde, Jungs. Schenk ein! Oh, schenk ein!"

Erneut nahmen wir einen kräftigen Schluck. Die Mischung schmeckte genauso ekelhaft, wie ich mich gerade fühlte.

„Und Florian: Was macht deine Liebelei mit Danica?", fragte Benedikt. Er lächelte hämisch.

„Hm, ja. Wir treffen uns ab und an mal. Mehr ist da nicht", erwiderte Florian.

„Man hört anderes. Letztens im „Boot" seid ihr euch ganz schön nah gekommen."

„Näher, als du ihr kommen würdest. Ich sage nur: Kate."

Benedikt lachte laut. „Komm. Wir wollten bloß zusammen einen Film schauen."

„Einen Film schauen?", fragte Florian und nahm einen Schluck.

„Einen Film schauen und sicher ein wenig reden."

„Da hat man andere Geschichten gehört."

Benedikt zögerte einen Moment. Er nahm ebenfalls einen Schluck, stellte das Glas zurück auf den Tisch und machte eine kreisende Bewegung auf der Tischplatte damit.

„Was ist los, Benedikt? War wohl nichts mit Filmschauen?"

„Sie hat das nicht verstanden. Das war alles." Zufrieden lachte Florian und schenkte nach. Die beiden redeten weiter. In ihrem Redefluss schaukelten sie sich immer weiter hinauf. Von Zeit zu Zeit schmunzelte ich. Was sie redeten, war mir gleich. Ich wollte und konnte es nicht mehr hören, diese ewige Feierei, das Partymachen und das Gerede darüber, jeden Abend eine neue Eroberung gemacht zu haben. Es widerte mich an. Es kotzte mich an. Immer die gleiche Tour. Jeden Tag und jeden Abend auf die gleiche Weise. Jeden Abend ein neues Entarten und übertrieben gesteigerte Unternehmungen, um den Vorabend zu toppen. Diese

Obsession zum Konsum, zum ständigen Genießen, waren abstoßend. Doch keiner sah es. Man gab sich diesem Kult jeden Abend in Prozessionen hin und huldigte Göttern, die man glaubte zu kennen: nämlich sich selbst!

„Hey Alex! Noch 'ne Runde?"

„Ja, schenk ein."

„Was ist los, Alex? Heute Abend so ruhig?", fragte Benedikt.

Ausweichend antwortete ich: „Bin nur etwas müde von gestern. Hab' schlecht geschlafen."

„Dann kannst du heute Abend gleich wieder durchstarten. Vincent, Simone und so wollen ins Fantastic. Kannst du dich gleich wachtanzen."

„Lass mal! Ich muss noch etwas für meine Thesis machen. Hab' es da schon zulange schleifen lassen."

„Oh! Die Thesis!", warf Florian spöttisch ein.

„Du weißt, worum es geht, Florian."

„Na eine Nacht mehr oder weniger steil gehen, machen den Kohl nicht fett."

„Nicht fett, aber rund!", entgegnete ich bissig.

„Das hättest du eher wissen müssen und eher mal die Reißleine ziehen sollen."

„Das sagt der Richtige! Du schwingst dich doch auch von einer Party zu nächsten."

„Mit dem Unterschied, dass meine Arbeit weitergeschrieben wird."

„Ach, lass mich doch in Ruhe damit!", sagte ich genervt. Ich leerte mein Glas und machte mir zügig eine neue Mischung. Derweil verließ Benedikt das Zimmer. Florian zog sich um.

„Ziehst du dir noch etwas anderes an, Alex?", fragte er mich.

„Nö."

„Du willst so ins Fantastic gehen?"

„Ich will nicht gehen. Ich komme nicht mit. Ich bleibe hier!"

„Bist du sicher?"

„Ja, definitiv. Heute Abend muss es ohne Trubel gehen."

„Der würde dir aber guttun."

„Wahrscheinlich. Heute nicht!"

„Du kannst mit Kate flirten, tanzen und rummachen. Die wäre für sowas zu haben. Und leicht rumzukriegen ist sie auch."

„Mag sein. Mag auch alles richtig sein. Heute aber nicht. Heute ohne Kate."

„Du weinst ihr nach?"

„Wem?"

„Das weißt du schon."

„Woher?"

„Das war nicht schwer zu erkennen. Zum einen habt ihr viel Zeit miteinander verbracht. Zum anderen hat mir Danica erzählt, dass sie dich sehr gerne hat. Sie findet es nicht gut, dass ihr beide euch in so kurzer Zeit so nah gekommen seid. Sie hat einen Freund."

„Das ist mir klar. Aber was spricht dagegen, dass wir uns nähergekommen sind? Vielleicht verstehen wir uns besser als sie mit ihm?"

„Vielleicht stellst du dir das zu einfach vor!"

Ich schwieg; wusste nicht, was ich antworten sollte. Nach einer kurzen Pause fragte Florian erneut, energischer: „Kommst du nun mit?".

„Ich bleibe hier. Ich will heute Abend nicht mit."

„Und Kate?"

„Lass mich in Ruhe. Ich will von ihr nichts wissen."

„Und Justina und Rita?"

„Nein! Das meine ich auch so. Ich bleibe hier!"

„Wie du willst. Dann bleib hier. Ich sag' Kate, dass du dich morgen mit ihr triffst, um in die Stadt zu gehen."

„Ach, mach doch was du willst!"

„Wie du's sagst. Viel Spaß beim Hierbleiben." Florian ging und verließ das Zimmer.

Abermals füllte ich das Glas und ging auf den Balkon. Unten standen sie alle und warteten auf die Taxis oder waren gerade am Bestellen von Taxis. Aus der kakophonen Sprachwolke hörte ich die ein oder andere bekannte Stimme: von Benedikt, Florian, H.L. und Kate. Sie lallten. Sie lachten. Sie provozierten einander. So wie die Abende, die da waren. So wie die Abende, die da kommen würden. Mit gesteigerter Abneigung nahm ich das Schauspiel wahr, solange bis schließlich der letzte in einem der Taxis untergekommen und es in der Nacht verschwunden war. Zurück im Zimmer verschloss ich die Balkontür und starrte hinaus in die Nacht, in die Lichter der Straßenlaternen, auf die leeren Straßen. Erneut kehrten die Gedanken an dich zurück. Damit auch der Schmerz und die Wehmut, die mich beim Denken an dich überkamen. Jämmerlich weinte ich, weil ich nicht verstand, was passiert war. Ich versuchte, die Erinnerungen zu rekonstruieren, doch es misslang. Ich dachte an die Momente, in denen wir zusammen spazieren waren und uns ausgetauscht hatten. Es war wie eine Schlange, die sich selbst in den Schwanz biss. Die sich drehte, wendete und mich in einen gedankenfernen Schlund hinabriss, an dessen Ende keine Antwort, sondern die Frage selbst wartete. Ein grausames Spiel, auf das ich mich einließ. Das ich aber zu spielen bereit war, weil ich verliebt war. So sehr mich diese Spielerei zermarterte, so sehr fragte ich, ob es nicht andere Gründe für ihr Verhalten geben konnte, die für mich unaussprechbar, undenkbar, unerreichbar waren. Länger zu warten und mich in endlosen Überlegungen zu wälzen, brachte keine Klarheit. Um dem Schmerz zu entkommen, um das Schreien im Herzen zu stillen und um Gewissheit zu erlangen, rief eine Stimme aus meinem Inneren zu mir: „Schreib ihr ruhig! Du brauchst Klarheit!" Vielleicht würde dadurch nur alles schlimmer. Vielleicht würde damit alles zerbrechen. Vielleicht klärte es sich damit auf. Egal, was geschehen würde, den Status quo konnte es nicht ändern. Es war die gleiche Stimme, die mir einmal gesagt hatte, dass ich das Leben jetzt genießen und nicht über das Morgen oder die Konsequenz nachdenken solle. Mit gläsernen Augen, an denen die noch nicht getrockneten Tränen klebten, setzte ich mich vor den Laptop, um dir eine Nachricht zu schreiben. Um mich herum tiefe Stille. Kein Lärm, wie es sonst abends oder nachts im Wohnheim üblich war, wenn wir betrunken waren und singend in die Clubs einfielen. Die Ruhe war laut und trug wenig zum Wohlbefinden bei. Mit fiel nichts ein zu schreiben. Das blinkende „T" im Word lachte mich aus und verspottete mich mit einem: „Schreib doch! Schreib doch!" Zu mehr als Wortfetzen war ich nicht in der Lage. „Du bist mein Glück und mein Unglück zugleich. Welch' Feuer du entfacht hast, um meine Säfte zum Kochen zu bringen. Du bist mein Aufstieg und mein Untergang.

Vieles ist passiert. Vieles das wir nicht verstehen. Du hast das Gegenteil ins Gegenteil gekehrt. " Nichts Sinnvolles schien mir einzufallen. Entkräftet hatte ich schließlich einige Zeilen zusammengezimmert. Beim Lesen der Zeilen stellte ich fest, dass die Nachricht zu lang und umständlich geschrieben war. Meine Zeilen beschrieben zwar alles, aber wahrscheinlich hättest du nicht einmal die erste Seite gelesen. Das blinkende „T" verbog sich vor Lachen wegen meiner Inkompetenz. Dafür fiel der zweite Entwurf der Nachricht kurz und knapp aus. Er war nicht mehr als eine plumpe Anmache, in der man nach dem Wohlbefinden fragt und um ein Rendezvous bettelt. Mir gefiel nicht, was ich niedergeschrieben hatte. Ich löschte das Dokument. Anschließend ging ich zum Fenster und blickte wieder hinaus in die Nacht. Erneut packte mich der Zweifel, ob es wirklich richtig war, zu schreiben. Nochmals überlegte ich hin und her und wog Argumente gegeneinander auf. Wieder war ich in dem Modus, der mir früher so gut gefallen hatte einfach eine Maschine zu sein und alles einer logischen Schlussfolgerung durch Abwiegen von Für und Wider zu unterstellen. Das wollte ich nicht mehr! Viel zu lange war ich schon so mechanisch gewesen, dass ich vergessen hatte, wie es ist, Mensch zu sein. Ich schlug die Hände gegen die Fensterscheibe; rannte zum Schreibtisch, um mich zum Schreiben von irgendetwas Sinnvollem zu zwingen. Nichts geschah. Erneut las ich beide frisch erstellten Entwürfe, während ich mir ein weiteres Glas Whiskey-Cola mixte. Beim zweiten Durchlesen hielt ich inne, nahm einen kräftigen Schluck aus dem Glas. Meine Gefühle überrannten mich erneut. Ich fing zu weinen an; schlug die Fäuste auf den Tisch vor Verliebtsein und Wut. Jede Zeile, die ich las, tat weh. Sie erinnerte daran, dass ein Gespräch alles klären könnte, und wir von Neuem anfangen könnten. Mit leerem Blick starrte ich auf den Bildschirm. Tränen flossen. „Was passierte hier bloß?", ging es durch meinen Kopf. Alles Weitere war unsinnig. Sowohl das Schreiben einer Nachricht an dich als auch das Jammern. Ich legte mich aufs Bett und schlief mit dem Wunsch ein, keinen Gedanken an dich zu verschwenden.

Es lärmte. Laute Stimmen vor dem Wohnheim. Ein Schreien auf dem Flur. Das vehemente Betätigen der Türklinke zu unserem Zimmer mit der Erkenntnis, dass sie verschlossen war. Anschließend das Knallen von etwas Schwerem gegen die Tür. „Kate!", rumorte es. „Kate, was machst du hier?", fragte eine dumpfe Stimme. Es war Florians Stimme. Ich stand auf und ging zur Tür, um sie von innen zu öffnen. Kate schien, zu Boden zu sinken. Florian hielt sie fest. „Was geht hier vor sich?", fragte ich.

„Leute. Florian. Bitte nimm mich. Hilf mir", stammelte Kate vor sich hin.

„Ist alles okay mit ihr?", fragte ich Florian.

„Nö. Schau sie dir an. Zu viel getrunken. Dann jeden im Club angemacht und eine Abfuhr nach der anderen erhalten", antwortete Florian.

„Großartig."

„Florian! Bitte hilf mir!", stöhnte sie.

„Kate, ist alles in Ordnung mit dir? Musst du dich übergeben? Soll ich einen Eimer mit Wasser füllen, falls sie kotzt?", fragte ich Florian.

„Erstmal nicht. Nicht, dass sie hier noch schläft. Das wäre der Super-GAU heute Abend."

„Bitte!", schrie sie.

„Was zur Hölle hast du nur mit ihr gemacht!", fauchte ich Florian an.

„Ist jetzt egal. Hilf mir lieber, sie von hier wegzubekommen."

In der Zwischenzeit kamen Olivier und Vincenzo auf uns zu. Beide schauten uns ungläubig an. Mit einer Mischung aus verstohlenem Lachen und abgebrühter Müdigkeit wohnten sie dem Schauspiel bei. Sie fragten uns, was los sei und inwiefern sie uns helfen konnten. Wir erklärten, dass keine weitere Hilfe erforderlich war. Beide gingen ab. Kate weinte und schrie lauter und lauter. Wahrscheinlich hatten der gesamte Flur und das Wohnheim ihr Drama mitbekommen. Wir schleppten sie zu ihrem Zimmer am Ende des Ganges. „Kate! Komm schon, Girl! Sei still! Alles wird gut werden!", besänftigten wir sie.

„Nichts wird gut sein! Alles verändert sich", lamentierte sie. In ihrem Zimmer angekommen, legten wir sie in ihr Bett und deckten sie zu. Sie wehrte sich gegen unsere Bemühungen. Erneut forderten wir sie auf, sich zu mäßigen.

„Schlaf eine Runde. Morgen, wenn du nüchtern bist,

werden wir spazieren gehen und reden. Ok?", redete ich ihr zu. Sie verstummte. Florians genervter Gesichtsausdruck zeigte, dass er diese Idee ablehnte.

„Alles", begann Kate.

„Morgen nach dem Schlafen wird alles gut sein", beruhigte ich sie.

„Good, guys", stammelte sie.

Dem Anschein zufolge, dass sie sich beruhigt hatte, verließen wir das Zimmer. Just, als wir zurück zu unserem Zimmer gingen, hörten wir, wie sie die Tür aufriss und uns hinterherlief. Durch ihre Trunkenheit schwankte sie. Bereits nach kurzer Zeit fiel sie zu Boden. Es knallte!

„Dreh dich nicht um!", mahnte mich Florian.

Kein Geschrei war zu hören. Kate war anscheinend eingeschlafen. Zurück im Zimmer stellte ich Florian zu Rede:

„Was ist das passiert, dass sie so durchgedreht ist?"

Er schwieg. Nach kurzer Zeit entgegnete er: „Sie hat sich übernommen. Du kennst sie doch. Kaum waren wir angekommen, hat sie sich einen Cuba Libre nach dem anderen bestellt und jeden angequatscht. Irgendwann wollte sie die Leute auf die Tanzfläche ziehen. Das fanden Vincent und Simone nicht gut und gaben ihr einen Korb. Sie versuchte es immer wieder. Na ja, irgendwann gaben die beiden ihr einen ordentlichen Laufpass. Dann kam sie wieder zu mir und heulte sich bei mir aus, dass die Jungs sie nicht mögen. Das ging die ganze Zeit so. Ich bin dann mit ihr zu Justina und Rita gegangen. Hauptsache sie war weg. Als wir gehen wollten, machte sie mir wieder so eine Szene. Ich setzte sie also ins Taxi und fuhr mit ihr hierher. Und im Taxi fing die alte Leier an, und sie wollte mit mir rummachen. Bäh! Einfach nur widerlich!"

„Dafür hast du sie dir aber gut vom Leib gehalten."

„Hör auf! Das Ende hiervon kennst du."

„War nicht das erste Mal, dass es so ausgeartet ist."

„Die Alte ist bekloppt! Ich weiß nicht, was bei der falsch gelaufen ist!"

„Das weiß wohl keiner besser als sie selbst."

„Na egal. Bin froh, wenn ich sie nicht mehr sehen muss."

Wir legten uns schlafen. Weder wollte ich über das soeben Geschehene noch den Abend nachdenken.

Abschnitt 7

Tempus fugit. Je länger der Aufenthalt im Ausland dauerte, desto kurioser wurde der Alltag hier. Es waren nicht nur die nächtlichen Streifzüge durch die Clubs, die sich zu unheilvollen Alkoholeskapaden entwickelten; vielmehr wandelte sich das Verhalten von uns allen. Waren zu Beginn des Semesters alle zurückhaltend und bescheiden gewesen, zeigte sich nun ein wildes Bild von Exzessen. Die französischen Studenten wachsten den Flur auf unserer Etage mit Seifenlauge ein; zogen sich Badehosen an und ließen sich auf der Lauge über den Boden gleiten. Ebenso waren es französische Studenten, die an einem Abend in der Küche auf unserer Etage lautstark feierten, die Wände mit Graffitis beschmierten und das Interieur aus dem Fenster auf den Parkplatz warfen. H.L. wollte es sich nicht nehmen lassen, seine Männlichkeit dem Wohnheim unter·Beweis zu stellen. Man erwischte ihn zweimal dabei, wie er es mit der polnischen Studentin Olga auf dem Flur trieb. Das Gestöhne der beiden erregte schnell das Interesse aller Heimbewohner, die ihren Augen nicht trauten. An dem Gossip der anderen beteiligte ich mich kaum. Es war nicht zu leugnen, dass dieses

Sodom und Gomorrha mich entsetzte. Es berührte mich, aber ich wollte davon nichts wissen. Es war unklar, ob es eine hier entwickelte Abgebrühtheit oder das Fixieren auf die Arbeit war, die mich so denken ließ. Mit der Thesis ging es zu dieser Zeit schleppend voran. Nicht selten löschte ich ganze Absätze und Seiten, wenn sie mir nicht gefielen. Die Anmerkungen und Kommentare von Professor Tiruneh halfen zwar, doch befand ich das Werk selbst als schlecht gelungen. Sogar, wenn er meine Ausformulierungen und Ansätze positiv beurteilte. Ich wollte die Arbeit nur noch abschließen und anschließend von hier weg. Hauptsache weg, dann wären auch meine Sorgen wegen dir verschwunden. Die Nachricht, welche ich in der Nacht, als Kate betrunken in unserem Zimmer aufgetaucht war, geschrieben hatte, schlummerte immer noch als gespeichertes Dokument auf dem Desktop. Ich fand nicht den Mut, dir zu schreiben. Müde von den Partys, die wir jeden Abend feierten, und erschöpft vom Schreiben versteckte ich meine Angst: Meine Angst, keine Antwort von dir zu erhalten. Die Angst, im Unklaren zu bleiben, was einst im Club geschehen war.

Ich kam gerade aus dem Buchladen. Florian stand an der nächsten Straßenkreuzung und wartete. Er wartete nicht allein. Du standest bei ihm. Ihr unterhieltet euch. Aus der Ferne sah man, dass du lachtest. Wahrscheinlich hatte Florian dir eine seiner vielen Anekdoten aus seinem bisherigen Studentenleben erzählt. Mir wurde schwer ums Herz, als ich dich sah. Ich schrie innerlich. Jeder Schritt auf euch beide zu, tat weh. Je näher ich dir kam, desto mehr schlug mein Herz und desto größer wurde die Sehnsucht in mir, mit dir zu reden; mich zu erklären, dass alles, was passiert war, nur ein Missverständnis war. Ich hatte dich einige Wochen nicht gesehen. Du hattest dir die Haare schneiden lassen. Dein Gesicht lächelte, und ich merkte, dass es dir gut ging. Ich bleib kurz vor euch beiden stehen und distanzierte mich mit einem kleinen Schritt nach hinten. Du sahst mich. Dein Lächeln verstummte. Versteinert stand ich da und wusste nicht, was ich tun sollte. Sollte ich mich dazustellen und „Hallo" sagen? Sie hätte es vielleicht nicht wahrgenommen. So blieb ich stehen und tat nichts. Ich blickte in eine Leere, in die ich nicht sehen wollte. Kurze Zeit später beendeten die beiden das Gespräch. Du gingst an mir vorbei, ohne mich anzusehen. Ich schaute dir noch lange nach.

„Alex!", rief mich Florian. Reglos stand ich nach wie vor da.

„Alex. Kommst du jetzt, oder soll ich dir 'ne Postkarte schicken", rief er erneut.

Ich drehte mich um und ging zu ihm. Florian bemerkte natürlich, dass ich niedergeschlagen wirkte.

„Was ist los, Alex? Du siehst aus, als hättest du ein Gespenst gesehen."

„Das habe ich auch."

„Wegen …"

„Nicht wegen ihr!", unterbrach ich ihn.

„So wie du deinen Gesichtsausdruck verändert hast, als du sie gesehen hast."

Ich antwortete nicht.

„Hast im Fantastic über die Stränge geschlagen. Hast wieder nicht genug bekommen", begann er.

„Ich seh's dir schon seit Tagen an, dass dich das fertigmacht."

„Du weißt gar nichts. Kümmere du dich um deine Kate."

„Kate redet wenigstens mit mir. Besser als bei dir."

Augenblicklich schwieg ich. Ich wollte nicht reden; und entgegnete dann:

„Und was sollte ich deiner Ansicht nach, tun? Etwa einfach hingehen und sagen: „Hey, war doch voll geil im Club damals. Lass uns das mal wieder machen. Und übrigens sorry dafür, dass irgendetwas passiert ist'."

„Alex. Reden solltest du mit ihr darüber schon. Aber nicht auf diese Art. Schreib ihr einfach. Frag sie, wie es ihr geht."

„Und du meinst, das reicht und geht? Was, wenn sie nicht zurückschreibt und nicht reagiert auf die Nachricht?"

„Dann musst du dir keine Gedanken machen. Vergiss sie einfach."

„Wenn ich sie nicht vergessen will?"

„Das ist dein Problem. Du solltest dir keinen Kopf darüber machen. Das verschwendest bloß Zeit und Energie auf etwas Unerreichbares. Konzentriere dich lieber auf das, was vor dir liegt. Bald sind wir hier wieder weg. Bald ist der tagtägliche Irrsinn mit dem französischen und spanischen Ghetto vorbei. Dann sind die Partys vorbei. Bald sind wir wieder in der zivilisierten Welt zurück."

„Es ist nicht unerreichbar. Man kann alles bekommen, was man sich in den Kopf setzt."

„Du bekommst auch einen schweren Kopf, wenn du ihn am Abend vorher zu lange in Cuba Libre badest. Was hier passiert, bleibt hier. Was du erlebt hast, ist eine nette Erinnerung. Mehr nicht. Mit ihr oder ohne sie. Es war eine Erfahrung. Zurück in Deutschland gibt es genug Frauen, und eine davon ist die Richtige für dich. Du wirst an dieser Frau nicht zerbrechen. Das Leben ist nicht planbar. Das Leben ist frei! Wenn du dir Stress machst, dich zu sehr herausforderst, wirst du am Ende verlieren. Sei du! Und ganz ehrlich, genieße und lebe jeden Tag!"

„Hm … ich würde gerne noch einmal mit ihr reden."

„Wenn du das willst, dann schreib sie doch an. Sie wird sich schon melden."

Ich sagte nichts. Wir nahmen den Bus zurück ins Wohnheim. Zurück im Wohnheim, ergriff uns dort sofort der Wahnsinn. Aus der Etagenküche ertönte ein schiefer Gesang. Auf dem Gang lag Simone neben seiner Matratze. Noch immer schien er, in einem komatösen Dämmerzustand zu sein, in dem er nicht wusste, wo er war. Benommen bewegte er seinen Kopf arhythmisch hin und her und stammelte unklare Worte vor sich her. Lakonisch merkte Florian an: „Die können es nicht lassen mit dem Kiffen! Schau sie dir an, la Grande Nation."

Auf dem Laptop blinkte mich erneut das „T" an und lachte mich aus. „Schreib doch! Schreib doch!", rief es mir zu. Was gab es schon zu verlieren außer nichts? Die Angst, das Falsche zu schreiben; die Furcht, ignoriert zu werden, blendete ich aus. Ich nahm meinen Mut zusammen und schrieb dir einige kurze Zeilen. Am Ende war es die bereits verfasste Nachricht, einfach umformuliert. Vor dem Abschicken las ich die Nachricht nicht nochmal. So vermied ich, erneut in ein Gefühlschaos und Zögern zu verfallen. Ich schickte sie ab, ohne zu wissen, was passieren würde.

Am darauffolgenden Tag antwortetest du mir. Ich war verunsichert und wusste nicht, ob ich deine Nachricht lesen oder sie ungeöffnet ignorieren und vergessen sollte. Zögernd bewegte ich den Cursor und öffnete schließlich die Nachricht. Beim Lesen gewann ich den Eindruck, dass du den Grund für eine solche Nachricht kanntest. Du fragtest mich, ob alles in Ordnung sei und du helfen könntest. Ich wusste nicht, was zu tun war. Hatte ich die Nachricht zu kryptisch geschrieben? Hatte ich reale Welt und Fantasie verschwimmen lassen?

Wolltest du nicht den Grund der Nachricht verstehen? Meine Verunsicherung wurde größer, und ich fragte mich, ob ich der Narr war, der die Zeichen nicht verstanden hatte. Derjenige, der nicht begriff, dass all das bloß ein Missverständnis war. Und es keines Gesprächs zum Klären bedurfte, da nichts zu klären war. Wieder war ich so klug wie zuvor. Ohne eine Idee oder eine Vermutung, was passiert sein könnte. Es war besser als nichts. Ein Strohhalm in einem weiten Meer. Wieso also nicht den Strohhalm ergreifen. Florians Worte wanderten durch meinen Kopf. Und ich fragte dich unter einem Vorwand , ob wir uns sehen könnten.

Am Eingang der Universität trafen wir uns. Der Abend dämmerte bereits. Du kamst aus deinem Deutschkurs. Wie immer begrüßtest du mich mit einem Lächeln. „Wie geht es dir?", fragte ich.

„Du weißt, wie es mir geht." Deine Stimme klang betrübt und enttäuscht.

„Wollen wir in die Stadt? In ein Café?"

„Ja."

Wir gingen zur Bushaltestelle. Auf dem Weg dorthin und dann auch dort sagtest du nichts. Eine unangenehme Stille herrschte zwischen uns. Der Bus kam. Wir setzten uns. Auf der Fahrt in die Stadt blicktest du apathisch aus dem Fenster auf die grauen Wohnblöcke, die an uns vorbeizogen. Diesmal was es anders. Anders als sonst, wenn du mich mit Fragen gelöchert hattest. Anders als sonst, wenn du wissen wolltest, wer ich bin und wie es mir geht. In der Stadt angekommen, begann es zu regnen. Schnell suchten wir das Café an der Oper auf.

„Da haben wir nochmal Glück gehabt", meinte ich.

„Ja. Haben wir wohl", sagtest du lakonisch.

Du bestelltest zwei Kaffee für uns. Hinter dem Glasfenster draußen fing es an zu regnen. Die Tropfen klatschten gegen die Scheibe und zerplatzten in winzige, fingerähnliche Wasserfäden, die hinab auf die Straße liefen.

„Was ist los mit dir? Du siehst so geknickt aus?" Der Kaffee kam. Deine Hände umklammerten die Kaffeetasse fest. Dein Blick war auf die Tasse gerichtet. Du schwiegst. Eine Aura aus unterdrückter Wut und Angst umgab dich. Erwartungsvoll schaute ich zu dir.

„Weißt du, das Leben ist komisch. Das weiß ich jetzt. Ich dachte, glücklich zu sein. Er hatte gesagt, sein Glück gefunden zu haben. Und dass er für mich da sei." Du fingst an zu weinen. Kleine Kullertränen flossen aus deinen Augen an deinen Wangen herunter.

„Und dann ...", unterbrach dich dein Schluchzen, „bevor ihr gekommen seid, hat er gesagt, er sei müde von mir. Miroslav wolle nichts mehr mit mir zu tun haben. Er mag euch Erasmusstudenten nicht und sagt, ihr seid alle dumm und faul, sonst würdet ihr nicht hierherkommen."

Du hieltest inne. Wieder entstand eine Pause. Es fiel dir schwer, noch mehr zu sagen.

„Da ist noch mehr, dass du sagen möchtest?"

„Als wir im Fantastic waren, war er mit seinen Freunden weg. In einer Bar hat er eine Kommilitonin aus seinen Kursen getroffen. Er hat sie nach Hause gebracht und bei ihr geschlafen."

„Da ist nicht mehr passiert?"

„Ich weiß es nicht. Ich weiß nicht, was er gemacht hat! Miroslav hat versichert, nicht mit ihr geschlafen zu haben. Er würde so etwas nicht tun! Mein Miroslav!"

Du konntest deine Tränen nicht mehr zurückhalten. In einem Sturm der Entrüstung liefen sie dir übers Gesicht.

„Das hört sich sehr schlimm an. Das tut mir leid für dich."

„Was habe ich nur falsch gemacht, dass er mir so etwas antut?" Aus deiner Stimme und deinen Worten waren Wut und Enttäuschung zu hören.

„Mit Sicherheit nichts! Woher wusstest du, dass er bei ihr geschlafen hatte?"

„Er hat es nicht sofort gesagt. Einen Monat nachdem wir dort gewesen waren, hatte er es gesagt."

„Wie hast du dich gefühlt, als er es dir gesagt hat?"

„Schlecht. Dreckig. Wie etwas, was man benutzen kann. Wenn man es nicht mehr will, legt man es weg und sucht sich etwas Neues. Ich bin nur dann für ihn wichtig, wenn er mich braucht und Bock auf mich hat. Schon die ganze Zeit war er mir gegenüber abweisend. Ich habe ihm so viel gegeben. Ich war für ihn da. Die vielen Wochenenden, die ich bei ihm und seinen Eltern sein sollte. Dafür habe ich auf meinen Tanzkurs und Freundinnen verzichtet. Wofür? Dafür etwa, dass er mit einer anderen schläft?"

Deine Mimik verfinsterte sich weiter. Dein Schmerz und die Hilflosigkeit über das Vorgefallene hatten sich in deinem Gesicht manifestiert.

„Was wirst du jetzt machen?"

„Weiß ich nicht. Danica meinte, ich solle ihm verzeihen. Er würde mich nicht belügen."

„Und das glaubst du auch?"

Zögernd antwortetest du: „Weiß nicht. Miroslav hat nie gelogen. Nie mich betrogen. Er ist mein Freund."

„Er hat dir aber auch gesagt, dass er dich nicht mehr will. Woher willst du wissen, dass er dich nicht schon früher einmal hintergangen hat?"

„Sag sowas nicht."

„Das klingt alles furchtbar, was du erzählst. Das hast du nicht verdient! Du hast es nicht verdient, so behandelt zu werden. Und schon gar nicht von ihm. Es fehlen mir die Worte. Vor allem, dass er dir direkt ins Gesicht sagt, dass er keine Lust mehr auf dich hat."

„Wie meinst du das?"

„Er sagt dir, dass er müde von dir ist und gibt dir das auch zu spüren. Wenn er dir sagt, dass er keine Lust auf dich hat, sagt er indirekt, dass er sich trennen will. Was er gemacht hat und wie er sich dir gegenüber verhalten hat: Seine Worte, das Betrügen und das Hintergehen stehen in keinem Verhältnis zu dem, was du für ihn alles tust. Das ist das Schlimme daran."

„Wie kannst du sowas nur sagen! Das ist unmöglich! Er würde so etwas niemals machen."

„Aber er hat es getan. Und er hat es gemacht. Und das verletzt dich."

„Und ihr Männer! Ihr seid doch alle gleich! Ihr macht ein paar hübsche Augen. Sagt und gebt Versprechungen ab, die ihr eh nicht haltet. Redet von einer schönen, bunten Welt und Zukunft. Und am Ende verarscht ihr uns doch!"

Du konntest nicht länger. In deiner Stimme lag das Klagen über seinen Fauxpas. Was dir Miroslav angetan hatte, war dir unverkennbar ins Gesicht geschrieben. Mit einem tränenverzerrten Gesicht standest du auf und ranntest aus dem Café. Ich rief dir nach, dass du warten solltest. Damit wir reden könnten. Doch du warst verschwunden.

Ich bezahlte und verließ das Café. Der Regen war stärker geworden. Ich fror. Auf dem Weg ins Wohnheim wurde ich von quälenden Gedanken geplagt: „Was wird nun passieren? Wird wieder alles gut? Wirst du mit mir wieder reden?" Ein unendlich großer Schmerz. Diesen Schmerz kannte ich bereits, und jedes Mal aufs Neue riss er mich zu Boden und ließ mich wieder spüren, wie grausam dieses Leben ist! Ich wollte nicht mehr. Ein gebrochener Arm kann heilen, aber ein gebrochenes Herz kann nicht repariert werden. Niemand kann das!

Eine Woche später entschlossen wir uns, seit Langem wieder einmal wegzugehen. Auf eine gewisse Weise hatte ich solche Abende vermisst, waren die letzten Wochen von Hausarbeiten-Schreiben und Präsentationen-Halten erfüllt gewesen. Es war das Beste, Zerstreuung im Alkohol zu suchen. Wir fuhren ins Black & White. Der Club war voll, und wie sooft sah man, wie sich die hier Anwesenden dem Alltag entzogen. Ich begann zu tanzen und alles zu vergessen. Plötzlich war es mir egal, was passiert war, was sein würde und das, was um mich geschah. Vielleicht hatte ich zu viel getrunken. Vielleicht wollte ich mich befreien von all meinen Zweifeln und Ängsten. Je mehr ich mich der Musik hingab, desto schneller vergaß ich all das, was mich vor Kurzem noch gequält hatte. Von der Musik angezogen und mitgerissen, steigerte ich mich in eine Trance hinein und verschmolz mit den Tanzenden auf der Tanzfläche zu einer Einheit. Ich schaute mich um. Alle genossen die Leichtigkeit des Lebens.

Ich bemerkte nicht, wie ich von einer großen Schwarzhaarigen angetanzt wurde. Sie tanzte lasziv vor mir; setzte all ihre Reize in ein günstiges Licht, sodass ich nicht widerstehen konnte. Ich nahm meinen Arm und drückte sie fest an meine Brust, als würde ich sie nie mehr loslassen wollen. Es war mir gleichgültig, was passieren würde, solange ich als Gewinner aus dieser Situation herausgehen würde. Sie schaute mir in die Augen. In ihren Augen spiegelte sich das Licht der Discolampen wider. Ihr Funkeln verriet mir, dass es ihr egal war, was in dieser Nacht passierte. Sie wollte geführt werden, und ich kam ihrem Wunsch nach! Ich drückte sie noch fester an mich, als würde ich ihr sagen, dass sie immer bleiben solle! Unsere funkelnden Blicke verbrannten im Licht der Diskothek und mit dem Rhythmus der Musik. Wir küssten uns. Lang und intensiv. Ihre Hand bewegte sich von meinem Rücken weg, hin zu meiner Hose. Wir unterbrachen unser Techtelmechtel. Schauten uns in die Augen; wussten, dass es Zeit war, den Club zu verlassen. Neben der Diskothek gingen wir ins Gebüsch. Wir machten weiter miteinander rum. Sie spielte an meinem Penis und holte mir einen runter. Kein Gefühl war in diesem Augenblick zu spüren. Nur Verlagen und Geilheit. Ich zog ihre Hose aus und steckte meinen Penis in ihre Vagina. Ich fickte sie! Das war alles, was ich brauchte. Zurück im Club, stieß ich sie weg. Sie war mir egal. Ich hatte bekommen, was ich wollte. Was ich brauchte, um all meine Gedanken an dich zu verlieren. Ich ging zur Bar und bestellte noch einige Bier, Whiskey, Wodka. Alles Mögliche, nur um dich aus meinem Kopf zu verdrängen. Während ich trank und die Tanzfläche beobachtete, sah ich jemanden, der dir ähnelte. Plötzlich und nicht gewollt holte mich die Wahrheit, das Nicht-Wahrhaben wollen ein. War es tatsächlich so weit gekommen, dass wir uns nicht verstehen; nicht mehr miteinander reden wollen, da wir dachten, dass wir dem anderen schadeten? Ihm zum Ballast wurden? Mein Rausch nach

Befriedigung meiner primitiven Lüste und Bedürfnisse war plötzlich verflogen; durch die Gedanken an dich. Wie in einem Film liefen vor mir Szenen ab, in denen wir zusammen waren und spürten, dass das Glück von uns beiden unser gemeinsames Glück werden würde. Doch holte mich mein Verstand wieder zurück aus meinen Träumen und hielt mir Danicas Worte vor Augen: Je näher ich dir kam, je mehr ich von dir wollte, desto größer wurde unsere Distanz; desto weiter waren wir voneinander entfernt. Wie die Sonne und das Eis. Vertieft in Gedanken daran, merkte ich nicht, wie Florian zu mir kam: „Das Taxi wartet draußen auf uns! Hol deine Jacke, und dann verschwinden wir!" Ich tat, was er sagte. Im Taxi sah ich desillusioniert aus dem Fenster; reflektierte und wollte es nicht wahrhaben, dass das der Zustand sein sollte, mit dem ich mich zufriedengeben und abfinden sollte.

Ich legte mich zu Bett. Obwohl ich nicht müde war und nicht schlafen wollte, zwang ich mich zum Einschlafen. Ich schloss die Augen. Zu viele Gedanken schossen mir durch den Kopf. Sie kreisten alle um dich. Sie quälten mich schon am Tage zu Hauf. Und nun verfolgten sie mich auch in der Nacht. Was hattest du nur mit mir gemacht, dass mich die

Gedanken an dich auch in der Nacht nicht losließen?

Ich öffnete die Augen. Die Sonne kitzelte mich aus dem Schlaf. Ich drehte meinen Kopf nach links und rechts, um mich umzuschauen. Ich wusste nicht, wo ich war. Dieser Ort, Raum war mir fremd. Ich drehte meinen Kopf noch einmal nach rechts. Du saßt am Bett und lächeltest mich an. Deine warme Hand streichelte über meinen Kopf und mein Gesicht. „Hallo! Hast du gut geschlafen?", fragte mich deine Stimme. Ich wusste nicht, wie mir geschah. Wo war ich? War es wirklich oder irreal? „Gut!", sagte ich. Du lächeltest wieder und küsstest mich auf die Stirn. Der Schlaf steckte mir in den Knochen, und ich war benommen vom Schlaf und von dem, was hier passierte. „Steh schnell auf! Ich habe Frühstück für uns gemacht." Du streicheltest mir wieder durchs Haar; schobst deinen Handrücken langsam über meine Wange. Wir gaben uns einen kurzen Kuss auf den Mund. Du standest auf und verließt das Zimmer. Ich stand auf, setzte mich auf die Bettkante und versuchte, mir klarzumachen, was los war. Gleichzeitig interessiert es mich nicht, was geschah, und die Frage nach dem Warum verschwand so rasch, wie sie aufgekommen war. Ich nahm aus dem

Schrank meine Sachen, ging ins Bad, duschte mich und zog mich an. Vom Bad zur Küche war es ein kurzer Weg. Das Radio lief gerade, als ich in die Küche trat. Du saßt bereits am Tisch beim Frühstück. „Komm, setz dich!", sagtest du. „Was willst du?", fragtest du weiter. Ich deutete auf die Brötchen und die Marmelade. Du reichtest mir beides herüber. Beim Schmieren meines Brötchens musste ich dich immer wieder ansehen. Du blicktest in Richtung der Küchenzeile; lauschtest der Musik aus dem Radio und bewegtest deinen Kopf rhythmisch im Takt. „Was machen wir heute?", fragtest du mich.

„Was hältst du von einem Spaziergang zum See über den Marktplatz?", antwortete ich. „Oh ja! das wäre super." Du lächeltest „Aber nicht, dass dir unterwegs die Puste ausgeht, wie beim letzten Mal", setztest du fort. Ich mochte es, wenn du mich für meine kleinen Schwächen necktest. Ich schmunzelte verschmitzt.

Ich saß im Wohnzimmer und sah fern. Du kamst ins Wohnzimmer, bliebst im Türrahmen stehen und lehntest dich an ihn. „Wollen wir los? Das Wetter draußen ist so gut", sagtest du. Du warst schon angezogen und wartetest nur noch auf mich. „Na klar! Ich zieh mir nur noch schnell Schuhe an, und dann können wir los", antwortete ich. Ich sprang vom Sofa auf und zog mir schnell meine Schuhe an.

Du haktest deinen Arm in meinen ein. Der Himmel war blau. Die Sonne strahlte laut und herzlich. Die Luft schmeckte klar und frisch. Du und ich zusammen, kurzum: ein perfekter Tag. Ich sah es gern, wenn du wie eine vornehme Dame mit mir spazieren gingst. Wir gingen durch die Straßen der Stadt, ohne ein wirkliches Ziel zu haben. Wir kamen zum Marktplatz. Die weißen Steine reflektierten das Sonnenlicht und warfen es gegen die Kirche, die in der Mitte des Platzes stand. Wir blieben vor ihr stehen und waren fasziniert von der Größe. Die Kirchentürme massiv und hoch wie Mammutbäume ragten weit in den Himmel. Das Portal der Kirche war kunstvoll mit Holzschnitzereien verziert. „Gehst du mit mir in die Kirche?" Eh ich mich versah, nahmst du meine Hand, und wir betraten die Kirche. Es herrschte eine mir unbekannte, aber wohltuende Atmosphäre. Durch das Glas der Spitzbogenfenster brach sich das Licht und zersprang in tausend Farben. Von magischer Hand wurden wir zum Altar gezogen. Einige Menschen hatten sich um einen Priester versammelt. Er stand vor einem Schrein, und alle folgten seinen Worten. Ich sah dich an. Du warst ganz

*begeistert von seinen Worten und saugtest sie auf.
Als er seine Predigt beendet hatte, wurde es plötz-
lich still. Die Leute um uns herum verschwanden. Ich
weiß nicht wieso oder warum, aber ich genoss es, mit
dir allein zu sein. Wir setzten uns auf den Fuß des
Schreins. Ich konnte nicht erkennen, ob es der
Schrein des einen Gottes oder der einer anderen
Gottheit war. Du legtest deinen Kopf auf meine
Schulter, und ich schlang meine Arme um dich, so als
wollte ich dich nie mehr loslassen. „Ich bin müde",
sagtest du. Dein Kopf wurde schwerer. Ich merkte,
wie du leicht zittertest; und ich gab dir meine Jacke.
Es wurde dunkel um uns. Der Schrein verschwand,
und du lagst schlafend auf dem Boden. Ich saß ne-
ben dir; streichelte dein Haar; wachte über deinen
Schlaf. Die Ruhe um uns herum wurde lauter und
lauter. Deine Hände waren kalt. Deine Stirn war
blass. Ich hielt dich fest in meinem Arm mit dem
Wunsch, du würdest munter werden und mich anlä-
cheln; mir sagen, dass alles gut ist ...*

Es war früher Nachmittag, als ich aufwachte. Ich
setzte mich aufrecht hin und hielt inne. Wie und
wann ich in mein Bett gekommen war, wusste ich
nicht mehr. Auch erinnerte ich mich nicht daran, was
am Abend zuvor passiert war. Es fühlte sich gut an,

sich an nichts zu erinnern und Sorgen einfach Sorgen sein zu lassen. Ohne Reue und Schuldgefühle den Tag zu beginnen. Wie großartig es war, einfach zu vergessen. Doch das war nicht ich. Das war jemand anderes in mir, welcher sich meiner bemächtigt hatte und mir ein leichtes Leben zeigte. Ein Leben bestimmt von Trieben und Lüsten. Ein Leben ohne Sinn und Grund. Sollte ich mich beschämt fühlen, da es mir gut ging, obwohl ich alle negativen Eindrücke verbannt hatte? Sollte ich mich gut fühlen dafür, dass ich erkannt hatte, dass das Leben mehr ist, als nur seinen Platz einzunehmen und zu funktionieren?

Ruckartig ging die Tür auf. Es war Kate. Sie weinte laut. Florian wurde wach. „Was ist denn hier los? Kann man nicht einmal in Ruhe schlafen? Und was macht die hier?"

„Frag mich nicht. Hast du ihr gestern etwas versprochen, was sie heute einlösen will?", fragte ich ihn. Genervt antwortete er: „Bestimmt! Kann mir bei der nichts Besseres vorstellen!"

„Kate, was ist mir dir?", fragte Florian sie, die scheinbar in einem sirenenartigen Geheule gefangen war. Mit lauter Stimme sprach Florian: „Kate! Sei ruhig! Was ist mit dir los?"

„Jungs, es hat sich so viel verändert. Zu viel!", sagte sie.

„Was meinst du damit?", fragte Florian.

„Zu viel. Viel zu viel!"

„Sie redet in Rätseln", warf ich ein und ergänzte, „Kate! Erzähl uns, was falsch ist?"

Sie weinte heftiger, ehe sie antwortete. „Ihr seid so anders, Leute. Warum seid ihr so anders? Zu Beginn des Semesters wart ihr so freundlich zu mir. Jetzt habt ihr alles verändert."

„Was meint sie damit?", fragte ich Florian.

„Keine Ahnung, was sie damit meint. Wahrscheinlich die letzte Sicherung verloren."

„Warum bist du so anders? Florian, sag es mir?"

Florian ignorierte sie. Vom Nachttisch nahm er seinen Laptop und begann, etwas zu tippen. Währenddessen wurde Kates Gejammer immer lauter. Die Versuche, sie mit Worten zu beruhigen, misslangen.

„Wem schreibst du?", fragte ich Florian.

„Justina und Rita. Sollen sich die beiden um sie kümmern. Geht die mir auf den Sack!"

Justina und Rita kamen in unser Zimmer. Beide sahen die weinende und frustrierte Kate auf Florians Bett sitzen. Sie fragten uns, was geschehen war. Wir wussten keine wirkliche Antwort. Wir konnten uns keinen Reim darauf machen, wieso sie in unser Zimmer gekommen war. Rita setzte sich neben sie und redete mit ihr auf Russisch. Nach einigen Minuten des guten Zuredens hörte Kate mit dem Weinen auf. Justina und Rita brachten sie aus dem Zimmer.

Ich stand auf und blickte in Florians Richtung. Er sah sehr mitgenommen vom Abend aus. In seinen Augen spiegelte sich der Wunsch, weiterzuschlafen.

„Gehst du noch in Stadt? Kannst du mir bitte Pralinen mitbringen? Die kleinen runden? Auf der Verpackung sieht man die Silhouette der Burg. Ich zeig dir ein Foto."

„Wofür brauchst du das?", fragte ich verblüfft.
Ich treffe mich heute Abend mit Danica. Da brauch; ich noch eine Kleinigkeit."

„Seit wann schenkst du Pralinen zum Date?"

„Sie isst sie gerne."

„Ja, mache ich. Ich wollte eh in der Bibliothek nach Literatur schauen; da kann ich einen Umweg über die Mall machen."

„Super! Hier, so sehen sie aus."

„Wann trefft ihr zwei euch?"

„Heute Abend um sieben. Ich hole sie ab".

„Bis dahin bin ich wieder zurück."

„So, und vielleicht kann man jetzt mal in Ruhe

schlafen." Er legte das Kopfkissen auf seinen Kopf und drehte sich nach links.

Ich lief in das Einkaufszentrum am Fluss. Licht und Prunk, Glitzer und Glamour - so präsentierte sich die Welt hier. Es gab viele „schlechte" Menschen hier, keine Menschen, die sich hinterfragen und über ihr Handeln nachdenken müssen und wollen. Sie müssen nur eins: kaufen, konsumieren, wohlfühlen. Nicht mehr. Ich blieb an den Schaufenstern stehen. Sah durch sie hindurch. Hinter den Schaufenstern blitzte und funkelte es. In den Fenstern spiegelte ich mich. Aber wer war dieser Jemand in dem Schaufenster? War ich das? War es jemand anders? War es derjenige, der ich nicht sein wollte? Ich starrte mich an dem Spiegelbild fest, betrachtete es kritisch. Es widerte mich an!

In einem der Supermärkte in der Mall kaufte ich für Florian die Pralinen; ebenso Blumen. Um mich herum liefen Familien und Pärchen, die glücklich und zufrieden schienen. Sie lachten. Ihre Augen funkelten einander an. Kann Glück so leicht zu finden sein? Darüber sinnierend und unzufrieden, dass es keine Antwort auf diese Fragen zu geben schien, lief ich zum Wohnheim zurück. Vorbei an der zweispurigen Straße in Richtung Wohnheim, die am späten

Nachmittag stark befahren war. Die Autos stauten sich. Langsam zogen sie an mir vorbei, während ich in Gedanken versunken war.

Im Zimmer sprach Florian gerade mit Rita und Justina. Es ging um den Vorfall mit Kate. Ich bekam nur das Ende des Gespräches mit. Beide konnten sich ihr Verhalten nicht erklären. Sie waren erstaunt über ihr ausuferndes Gebaren. Ein Reden mit ihr war nicht möglich. Immer wieder fing sie an zu weinen. Ratlos schauten sie sich an. Wahrscheinlich war es emotionaler Stress: das Zusammenleben im Wohnheim, das Studieren, die Zu- und Abneigungen von uns Studenten zueinander, das ständige Trinken und Feiern.

„Ah, Alex, wieder zurück!"

„Ja, bin ich."

„Rita und Justina hatten erzählt, dass…"

„Ich weiß. Das Ende habe ich mitbekommen. Das Zusammenleben hier ist nicht immer leicht; das wissen wir spätestens seit heute."

Justina unterbrach mich, als sie die Blumen und die Schachtel Pralinen sah.

„Oh, du hast ein Geschenk für uns?"

„Nein, Justina. Das ist nicht für dich."

„Jetzt bin ich traurig, dass du kein Geschenk für mich hast."

„Schlechter Charmeur, würde ich sagen", wandte Florian ein und brachte mich noch mehr in Verlegenheit.

„Justina, heute habe ich kein Geschenk für dich. Ein anderes Mal auf jeden Fall."

„Oh, du redest wie der Bachelor aus der Fernsehserie", neckte mich Rita.

„Er ist der Bachelor", bestätigte Florian.

Wir lachten alle über diese Szene. Rita fügte schließlich hinzu:

„Für wen hast du das gekauft?"

„Für Florian."

„Schau Justina, es ist eine Bromance zwischen den beiden. Wir wollen die beiden nicht bei ihrem Rendezvous stören." Sie lachten herzlich und verließen das Zimmer.

„Hier sind deine Geschenke für dein Date gleich."

„Danke. Was bekommst du dafür?"

„Lass gut sein. Das nächste Mittagessen oder der nächste Cuba Libre geht auf dich."

„Gut."

„Und? Noch ein wenig geschlafen?"

„So bis um drei."

„Dann bist du ja bestens ausgeruht für Danica, wenn sie dich vernascht."

„Das macht sie nicht! Sie hat's auch nicht leicht."

„Sie macht aber einen anderen Eindruck auf mich. Vor allem, wenn man ihre Partyeskapaden betrachtet."

„Ihr Vater hat sie schlecht behandelt. Mehr will sie nicht sagen."

„Und deswegen dreht sie so frei?"

„Wer dreht hier nicht durch?"

„Kate schon mal nicht."

„Auf jeden Fall!"

„Die sind doch alle froh, wenn sie hier wegkommen. Wer würde hier schon leben wollen?"

„Du willst Danica mit nach Deutschland nehmen? Ihr ein Leben in Saus und Braus ermöglichen?", sagte ich zynisch.

„Das nicht. Soweit lasse ich es nicht kommen, dass sie nach Deutschland kommt."

„So wichtig scheint sie dir nicht zu sein?"

„Wir haben Spaß zusammen. Das ist alles. Es ist gut so."

„Gut so? Aha."

Er nahm noch drei Bissen aus der Assiette, die vor ihm stand, bevor er sich umzog und parfümierte. Mit einem umherirrenden Blick suchte er seine Geschenke für Danica.

„Da drüben auf dem Nachttisch", meinte ich genervt. Er nahm sie und ging aus dem Zimmer.

„Viel Spaß bei deinem Date!", rief ich ihm nach. Er hörte es nicht mehr.

Wenig motiviert und niedergeschlagen arbeitete ich weiter. Eine halbe Stunde oder Stunde später trat Vito ins Zimmer. In der rechten Hand hatte er eine Flasche mit Grappa. Er fragte, wo Florian sei. Er sei mit Danica unterwegs. Nickend stimmte er zu. Ihn rauswerfen wollte ich nicht. Mit ihm den Abend verbringen auch nicht. Ich stellte zwei Gläser auf den Tisch und wies ihn an einzuschenken. Vom Balkon holte ich zwei Dosen Bier. Wir stießen an. Der Grappa schmeckte widerlich. Schnell begann Vito das Gespräch: Er berichtete über den neusten Klatsch aus dem Wohnheim. Wer, was mit wem gemacht hatte. Was in den letzten Abenden auf den Partys passiert war. Wie seine Kurse aktuell liefen. Mit einem „Ah, interessant!" oder einem „Das wusste ich gar nicht. Erzähl mir bitte mehr davon" bestätigte ich seine Aussagen und forderte ihn auf weiterzureden. Selbst wenn es mich nicht interessierte, was Vito erzählte, tat sein Gerede gut, um auf andere Gedanken zu kommen. Zügig tranken wir die Flasche Grappa leer. Hierauf beschlossen wir, vor zur Tankstelle zu gehen und eine weitere Flasche zu holen. Mit fortschreitender Zeit wurde meine Zunge locker. Ich stimmte auf seine Worte ein, gab meine Eindrücke zu dem Geschehenen wieder. „Allzu leicht", dachte ich; dass es mir durch den Alkohol und das Gespräch besser ging. Ich irrte. Im tiefsten Inneren fühlte ich mich nach wie vor schlecht. Es ging nicht, dass ich von dir loslassen konnte. Die Gedanken an dich insistierten in mir. Lamentierend dachte ich: „Was hast du bloß mit mir gemacht, dass ich so süchtig nach dir bin?"

Zwischen elf oder zwölf kehrte Florian zurück: „Was macht ihr denn hier?", fragte er erstaunt.

„Siehst du doch. Wir trinken."

„Das ist wohl kaum zu übersehen."

„Ah. Florian. Du bist zurück. Erzähl mal, wie dein Date war!", warf Vito ein.

„War gut."

Sarkastisch fragte Vito weiter: „Was hast du mit ihr gemacht? Hast du mit ihr Bunga Bunga gemacht?"

Er warf Florian ein hämisches Lachen hinterher.

„Das Date war gut. Das ist alles, was ich zu sagen habe."

„Komm schon. Erzähl, wie es war?"

„Nichts von Interesse, was du wissen solltest, Vito." Gleichzeitig mixte ich Florian eine Rum-Cola und reichte sie ihm.

„Na dann Prost!"

„Cheers!"

„Bäh, was ist denn das für ein Scheiß-Rum", schimpfte Florian.

„Der beste, den man an der Tanke um 22 Uhr bekommen kann."

„Alle wird der so oder so."

„Florian, hast du schon einmal Italien bereist?"

„Ich war einmal auf einer Klassenfahrt dort. In Rom. Vor acht Jahren."

„Eine typische Klassenfahrt im Alter von sechzehn Jahren", warf ich ironisch ein.

„Rom ist schön. Aber es gibt zu viele Touristen. Und zu viele Leute zocken die Touristen ab. Kein schöner Ort, um Urlaub zu machen."

„Dann lieber Adria, Vito?", hakte ich ein. Vito zögerte kurz, nahm einen Schluck aus seinem Glas, um sich eine Antwort zu überlegen.

„Hier muss man unterscheiden. Es gibt einige

schöne Orte an der Adria. Aber die meisten von ihnen sind von Italienern und Ausländern überlaufen. Im Winter sind die Strände dort sehr schön. Im Sommer nicht so." Er nahm einen kräftigen Schluck. Gleichzeitig trank Florian und verzog erneut sein Gesicht.

„Es gibt schönere Orte in Italien. "

Ich war neugierig auf seine Antwort und sagte: „Zum Beispiel?"

„Schau, Südtirol ist ein viel besserer Ort zum Bleiben. Man kann in den Dolomiten wandern. Es gibt guten Wein. Viel Sonne. Viel zu erleben."

„Besonders die Frauen dort, Vito?" Bevor er antwortete, winkte er mit einer Hand ab und deutet an, dass es darauf nicht ankommt.

„Ja, die auch. Die Frauen sind okay. Aber nicht so hübsch wie hier. Neulich bin ich mit Agnieszka aus dem Wohnheim spazieren gegangen. Sie sagte, dass sie hier nicht länger bleiben wolle. Sie wolle weg. Ich werde sie fragen, ob sie mit mir nach Italien kommen will."

Florian warf mir einen fragenden Blick zu und fragte Vito:

„Und du denkst, dass sie mitkommt?"

„Klar, warum sollte sie Nein sagen. Sie hat dort mehr

als hier. Und Sprachkorrespondenten werden überall gebraucht." Florian schenkte sich währenddessen das nächste Glas ein.

„Findest du nicht, dass das zu kurz gedacht ist? Vielleicht will sie nicht nach Italien gehen", fragte ich Vito. Er wirkte ruhig, als er antwortete: „Aber sie macht es. Das hat sie gesagt. Sie muss es wollen. Florian, würdest du nicht dasselbe tun?" Florian verdrehte erschrocken die Augen und schluckte vor Entsetzen hastig seinen Schluck runter. Vito blickte ihn erwartungsvoll an.

Florian antwortete: „Nein. Warum sollte ich das tun?"

„Schau: Die Frauen hier sehen gut aus. Sie wollen weg von hier. Wenn sie die Möglichkeit dazu haben, warum solltest du es ihnen nicht anbieten?", erwiderte Vito.

„Ich habe andere Dinge zu tun, als jemanden nach Deutschland zu bringen und ihm dort ein besseres Leben zu versprechen."

„Das verstehe ich. Dann willst du nicht mit deiner Freundin hier in Deutschland Bunga Bunga machen?" Vito lachte erneut hämisch. Es verschlug mir die Sprache.

Florians Miene verfinsterte sich. Mit ernster Stimme mahnte er Vito: „Du kannst gerne mit Agnieszka

Bunga Bunga machen und sie mitnehmen, wenn dir das etwas bringt. Ebenso, wenn du dich dadurch wie ein Retter fühlst. Für mich ist das keine Option. Was hier passiert, bleibt hier!"

„Es liegt an dir. So leicht wirst du keine attraktive Frau finden."

„Mach dir keine Gedanken darüber. Ich kann selbst beurteilen, ob ich eine Frau attraktiv finde oder nicht. Alex, mein Glas ist leer. Machst du uns allen ein neues?"

Ich tat, wie Florian es sagte. Gemeinsam stießen wir wieder an. Den Rest des Abends redeten wir über den neusten Klatsch und Tratsch im Wohnheim.

Abschnitt 8

„Bin ich ein Blinder, der weder sehen noch hören kann? Und irre ich ziel- und rastlos umher, nur um dich zu finden und dir zu sagen, wie sehr mein Herz für dich schlägt; wie sehr mir deine Nähe fehlt. Ich kann dich nicht finden! Ich bin verdammt, ewig blind umherzuirren!"

Es war Dezember. Der erste Schnee fiel. Unsere Zeit hier lief ab. Ich schrieb die letzten Seiten meiner Abschlussarbeit. Nächste Woche war Abgabetermin. Einen Tag später würde ich die Stadt verlassen und nie wieder hierherkommen. Noch immer hatte ich nichts von dir gehört, wusste nicht, ob es dir gut ging, ob wir uns noch einmal wiedersehen würden. Vielleicht war es gut so. Vielleicht war es schlecht. Ich wusste es nicht. Ich kannte die Antworten auf die Fragen, die ich mir ständig stellte, nicht. Es quälte mich. Dennoch machte ich mir keine Hoffnung mehr. Sollte ich mich mit dieser Situation abfinden? Wahrscheinlich musste ich diesen Zustand als gegeben hinnehmen, auch wenn ich das nicht wollte. Der Wunsch in mir, an dich zu denken, ließ mich nicht los. War ich so blind geworden?

Um den Schmerz zu betäuben, gab ich mich noch mehr den Exzessen hin: die Kitchenpartys, die Abende in den Clubs, das Lesen von einem wissenschaftlichen Artikel nach dem anderen. Plötzlich schien alles gleichgültig zu sein. Ich hatte angefangen zu trinken. War es früher immer aus einer Laune entstanden, so trank ich jetzt jeden Abend, da es mir gleichgültig geworden war, was morgen war und kommen würde. „Was erwartet mich schon?", dachte ich mir.

Florian platzte ins Zimmer herein und riss mich aus meinen Gedanken. Wie immer gut gelaunt, fragte er. „Warum bist du noch hier? Hast wohl wieder nicht mitbekommen, dass heute Abend International Dinner ist? Lass das ganze Uni-Zeug liegen und komm in die Küche. Die anderen sind schon alle dort. Die Arbeit kannst du auch morgen noch zu Ende schreiben."

Stillschweigend tat ich, wie er sagte. Ich speicherte die Thesis; schaltete den Rechner aus und zog mich um. Die Küche sah aus wie ein großer Basar. Die Tische waren zu einem „U" angeordnet, und an jedem Tisch waren zwei Länder mit ihren Spezialitäten vertreten. Viele von den Speisen sahen exotisch und fremdartig aus. Studenten aus allen Stockwerken waren hier. Sie tranken, aßen und waren fröhlich. Man hörte Sprachfetzen und konnte sie nur mühselig dem jeweiligen Land zuordnen. Ich war gespannt, von den Speisen zu probieren. Nachdem ich einen ersten Teller genommen hatte und anfangen wollte zu essen, sah ich dich. Ich erschrak. Ein Schock raste durch meinen ganzen Körper. Versteinert blieb ich stehen. Was sollte ich machen? Wie sollte ich mich verhalten? Dich ansprechen? Dich nicht wahrnehmen? Mit dir reden, falls sich die Gelegenheit ergab? Nichts von alldem war richtig und nichts davon falsch. Vielleicht gibt es bei so etwas weder falsch noch richtig. Ich ging zu Florian und den anderen. Sie standen an der Tür und waren bester Laune. Ich schmunzelte ein wenig, denn ich wusste, dass wir heute Abend alle noch in das Black & White gehen würden. Zugleich ich wusste, dass Florian mir solange zureden würde, bis ich ja sagen würde, um mitzukommen. Ich bemerkte nicht, wie du an uns vorbeigingst. Du bliebst stehen und schautest mich an.

„Alex! Wie geht es dir?", sagtest du. „Wir haben uns so lange nicht mehr gesehen", setztest du fort und lächeltest mich an. Wieder war es da dieses unsichtbare Band, das ich zwischen uns spürte. Als kannten

wir einander schon ewig. Ich verschluckte vor Auf-
regung meinen Bissen: Ein Kloß steckte mir im Hals
fest, als ich dir antwortete: „Gut. Du kennst mich
doch. Mir geht es immer gut. Und selbst?"

„Danke. Auch sehr gut. Wenn du willst, können wir
nachher noch reden?" Dein Lächeln war bezau-
bernd, als du mit mir sprachst. Du gingst aus der Kü-
che in den Flur. Anschließend verschwandest du im
Treppenhaus. Ich wusste nicht wohin. Und eigentlich
war es mir egal. Doch eigentlich auch nicht. Gerne
wäre ich dir nachgelaufen, um mit dir zu reden. Die
Vernunft holte mich ein, brachte Herz und Sehn-
sucht in mir zum Schweigen. War ich nicht vernunft-
begabt, so hatte ich es nun zu sein. Ich wandte mich
den anderen zu. Trank und aß noch etwas und ver-
suchte, dich zu vergessen. Der Abend verstrich. Die
Stimmung in der Küche wurde ausschweifender.
Nicht lange dauert es, bis alle Teller, Töpfe und
Schalen leer gegessen waren. Die Spanier bauten
auf der Küchenanrichte Boxen auf. Die Küche ver-
wandelte sich in einen Dancefloor. Zwar war ich Teil
dieser Menge und feierte mit, tief in mir jedoch wollte
ich mit dir allein sein und wünschte mir, dass alles
gut sei. Weg von den anderen. Weg von allen
schlechten Gedanken.

Latent pochten und schlugen sie gegen meinen Verstand.

In dem Gedränge in der Küche bemerkte ich nicht, wie du in die Küche zurückgekommen warst. Du klopftest mir auf die Schulter. Ich drehte mich um und sah dich im ganzen Gesicht strahlen: „Alex! Komm schnell mit! Ich muss dir etwas zeigen."

Eh ich mich versah, nahmst du meine Hand und befreitest mich von den anderen. Wir liefen über den Flur ins Treppenhaus, und es kam mir vor, als würden wir zwei dem Himmel entgegenfliegen. Im neunten Stock angekommen, gingen wir zu einem der vielen Zimmer. Vor der Tür am Ende des Ganges blieben wir stehen. Die ganze Zeit hattest du ein verzauberndes und faszinierendes Lächeln im Gesicht. Du strahlest wie die Sonne; und ich war Ikarus, der immer näher zu dir wollte, egal ob ich verbrannte und unterging. „Mach die Augen zu. Ich muss dir etwas zeigen." Ich wusste nicht, was du mit mir vorhattest, aber wehrte mich nicht gegen deine Anweisung. „Nicht schummeln. Okay?"

„Okay. Ich bin gespannt." Ich schloss die Augen. Ich hörte wie sich eine erste, dann eine zweite und schließlich eine dritte Tür öffnete. Es wurde frisch, und eine Gänsehaut bildete sich auf meiner Haut.

„Mach die Augen auf und sieh dir das an!", sagtest du. Ich öffnete die Augen, sah zunächst dein Lächeln und dann die Lichter der Stadt leuchten. Tausend kleiner Lichter leuchteten und erschienen einzeln allein und verloren. Zusammen bildeten sie ein großes Ganzes, gleich einer einzigen, hellen Kerze. Ein Lichterozean.

„Was sagst du dazu?", fragtest du weiter.

„Es sieht aus wie ein großes Lichtermeer; wie ein Universum mit vielen kleinen Sternen, die im Dunkeln leuchten", antwortete ich.

Ich lehnte mich auf das Geländer und starrte auf die vielen Lichter, die in der Nacht funkelten. Du berührtest meinen rechten Oberarm. Es fühlte sich genauso an, wie an dem Tag, als ich hier angekommen war. „Alex, schau! Siehst du die Burg. Die habe ich dir am Tag deiner Ankunft auch gezeigt", sagtest du und lenktest meinen Blick auf die von allen Seiten beleuchtete Burg. Ich starrte auf die Burg und schwieg. „Alex, was ist mit dir los? Du bist so ruhig?" In mir gingen Hunderte Dinge vor. Sollte ich es dir erzählen, was ich für dich fühlte und über dich dachte? Sollte ich ehrlich zu dir sein oder dir etwas vormachen? Sollte ich meinem Herzen folgen oder mich von der Vernunft leiten lassen. Ich erinnere mich nicht mehr wieso, aber ich gab meinem Verstand das Vorrecht, sich durchzusetzen. Vielleicht war es auch mein Herz, das über meinen Verstand sprechen wollte.

„Weißt du, seitdem ich hier bin, bin ich jeden Tag gestorben", begann ich. „Jeden Tag ein bisschen. Jeden Tag ein bisschen mehr". Ich unterbrach und schnappte nach Luft, um die richtigen Worte zu finden. „Früher war das Leben immer grau gewesen, bestand nur aus Routinen für mich. Bevor ich hierhergekommen bin, war ich wie eine Maschine, die immer nur ihre Aufgaben verrichtete, ohne über den Sinn, das Leben nachzudenken und es zu genießen. Du hast mir gezeigt, dass das Leben mehr als das ist. Dass es einfach ist. Dass es leicht ist. Dass es lebenswert ist. Immer wenn wir uns getroffen oder uns gesehen haben, hat mein Herz angefangen, schneller zu schlagen. Dann hast du mir von Miroslav erzählt. Wie er dich behandelt. Dass er dich betrogen hat. Es hat mich sehr gekränkt zu hören, zu wissen, dass er dir wehtat. Na ja, und dann war da der Abend im Fantastic, als wir zusammen getanzt haben und uns ganz nahe waren. Wenn ich dir an dem Abend zu nah gekommen bin, tut es mir leid. Ich war nicht Herr meiner Gefühle und Gedanken. Danica hatte mir erzählt, dass du wegen mir weinst und nichts mehr von mir wissen willst. Ich wollte dich nicht verletzen. Ich kann dir nur sagen, dass mein Herz immer schneller und heftiger schlug, egal ob wir zusammen etwas unternommen haben oder zusammen tanzen waren. Mein Herz schlägt deinen Namen, und ich möchte nicht, dass es aufhört, für dich zu schlagen, sondern ich will, dass es immer für dich schlägt."

Wir küssten uns. Sanft berührten sich unsere Lippen. Jeder Kuss sanft und intensiv. Wir spürten beide diese Fragilität, die durch unsere Knochen floss. Mein Herz raste vor Freude. In mir merkte ich, wie mein Körper in diesem Moment ekstatisch verbrannte. Es musste das Glück sein gewesen, von dem immer gesprochen wurde und das trotzdem unerreichbar schien. Zufrieden blickten wir einander an.

„Danica war es. Sie hatte mir zugeredet, mit dir keine Zeit mehr zu verbringen. Sie warnte mich davor, dass du mir etwas antun könntest. Dass du bloß einer dieser Erasmusstudenten wärst, die feiern wollen. Sie hat Miroslav aufgestachelt, über euch schlecht zu reden, um mir ein schlechtes Gewissen zu machen. Du warst allerdings ständig für mich da, wenn es mir schlecht ging. Danke, Alexandrowitsch."

Dein Kopf legte sich auf meine Brust. Du hörtest die Melodie meines Herzens schlagen. Ich drückte dich fest an mich. Die Zeit um uns herum stand still. Wir schwebten über das Lichtermeer der Stadt. Es gab nur uns. Dich und mich.

Mein letzter Tag hier brach an. In den letzten Tagen hatten wir uns fast jeden Tag gesehen. Nie zuvor fühlte ich mich so lebendig. Dennoch wusste ich, dass ich die Stadt bald verlassen musste und dich nicht sehen konnte. Ich verdrängte diesen Gedanken und klammerte mich an die gemeinsamen Stunden, die uns noch blieben. Am Mittag gab ich die Abschlussarbeit ab. Als ich das Büro von Professor Tiruneh verließ, wartetest du bereits auf mich.

„Wartest du schon lange auf mich?", fragte ich dich. Du sagtest nichts; hattest deine Augengeschlossen und fielst in meine Arme.

„Lass uns irgendwo hingehen, wo wir allein sind." Wir verließen die Universität, nahmen den Bus und fuhren ins Zentrum der Stadt. Die ganze Zeit drücktest du dich ganz eng an mich. Ich fühlte, dass es dir nicht gefiel, dass ich die Stadt verlassen musste. Wir gingen zu dem Aussichtspunkt, an den du mich damals das erste Mal hingeführt hattest. Wir blickten auf die Stadt und das Umland. Es war kalt, obwohl die Sonne schien. Die Luft roch glasklar. Du lehntest deinen Kopf an meine Schulter. Ich hielt dich fest in meinem Arm. „Alex, du wirst mir fehlen. Wann kommst du wieder zurück?", fragtest du mich.

„Ich werde zurückkommen. Ich will nicht mehr in Deutschland bleiben, sondern hier bei dir! Anfang Januar bin ich wieder hier und dann bleibe ich für immer." Du fingst an zu weinen. Deine Tränen fielen langsam. Ich tröstete dich und versprach dir, dass alles gut werde und wir uns bald wiedersehen würden.

„Ich werde dich vermissen."